Capitaine CORNUT

LES VOLONTAIRES NATIONAUX

DU District de La Tour-du-Pin

Isère

René RAVERAT

BOURGOIN

EN VENTE CHEZ LES ÉDITEURS :

Imprimerie J.-M. PAILLET, | Librairie J. COCHARD,
... rue Victor-Hugo. | 7, rue de l'Hôtel-de-Ville.

1910

A
Monsieur Antonin DUBOST,
Président du Sénat

Capitaine CORNUT

LES
VOLONTAIRES NATIONAUX
DU DISTRICT
DE LA TOUR-DU-PIN

(2e Bataillon de l'Isère)

1791-1794

BOURGOIN

Imprimerie & Lithographie J.-M. Paillet

10, Rue Victor-Hugo, 10

AVANT-PROPOS

C'est sous l'émotion profonde ressentie en France à la nouvelle de la fuite du roi Louis XVI et de son arrestation à Varennes que fut décrétée, en juin 1791, la création des bataillons de volontaires nationaux.

Tirés de la Garde Nationale, ces « *citoyens-soldats* » devaient augmenter les forces militaires de la nation et, suivant les législateurs, faire contrepoids, par leur civisme et leur attachement aux nouvelles institutions, à l'esprit « trop dévoué à l'ancien régime » des troupes de ligne dont on se méfiait, mais dont on ne pouvait se passer.

L'histoire de ces bataillons est peu connue. Elle se rattache, en ce qui concerne leur création et leurs débuts, à l'histoire locale des districts et des départements chargés de leur organisation et se mélange intimément aux événements politiques de cette période troublée.

Quoique animés d'un patriotisme ardent et d'un grand enthousiasme, les volontaires nationaux ne valurent que par les chefs qu'ils se donnèrent. Ceux du district de La Tour-du-Pin furent particulièrement bien inspirés en élisant des officiers ayant déjà servi et en mettant à leur tête un chef énergique qui ne tarda pas à imposer son autorité.

Employés d'abord à la répression des troubles du Midi de la France, puis aux premières opérations militaires dans le Comté de Nice, ils s'accoutumèrent à la discipline et s'aguerrirent peu à peu.

Les privations de toutes sortes qu'ils eurent à subir dans les montagnes abruptes du massif de l'Authion, les· attaques continuelles auxquelles ils furent exposés de la part des Austro-Sardes, et surtout des Barbets, furent, pour eux, le meilleur enseignement. La dure expérience de chaque jour leur démontra la nécessité de la vigilance, de la discipline et du dévouement poussé jusqu'au sacrifice et c'est ainsi qu'ils acquirent les qualités militaires sans lesquelles toute troupe est vouée à la panique et à la honte de la défaite.

Aussi, le 2ᵉ bataillon de l'Isère fut-il désigné parmi les quatre bataillons de volontaires qui, sur les vingt faisant partie de la division du Var, étaient « seuls aptes aux opérations de campagne. »

L'arrondissement de La Tour-du-Pin peut donc s'enorgueillir des « *Soldats de la Liberté* » qui s'enrôlèrent, en 1791, pour se dévouer à la tâche, noble entre toutes, de défendre les frontières.

Leurs noms, tirés de l'oubli, les rappelleront à la piété filiale de leurs descendants, et, dans la liste de ces braves sortis de tous les rangs de la société, chacun pourra reconnaître les siens.

C'est aux bienveillantes indications de MM. Vellein et Gauduel, ainsi qu'à la complaisance de MM. les Maires et Secrétaires de mairie de l'arrondissement qu'est due la réunion des documents qui ont servi à la rédaction de cet historique. Qu'il nous soit permis de leur adresser ici nos bien sincères remerciements.

Bourgoin, le 16 juin 1908.

I

L'Armée en 1789

« C'est maintenant un droit de tous les
« Français de servir la Patrie. C'est un hon-
« neur d'être soldat quand ce titre est celui
« de défenseur de la Constitution de son pays.
« Il faut donc une conscription vraiment na-
« tionale........; il faut que chaque homme,
« dès que la Patrie est en danger, soit prêt à
« marcher. »

C'est ainsi que s'exprimait Dubois-Crancé
dans la séance du 16 décembre 1789 de l'Assemblée constituante, à propos de la discussion
sur la loi de recrutement.

L'état militaire que préconisait ce grand
patriote devait comprendre trois parties : les
troupes de ligne, les milices et la garde nationale.

Les troupes de ligne, ou armée active, à
l'effectif de 150.000 hommes, auraient été re-
crutées sur toutes les classes de la société.

Les milices, réserve destinée à doubler l'armée active, devaient se composer de célibataires de 18 à 40 ans. Exercées une fois par semaine, elles auraient été chargées, en temps de paix, de veiller à la tranquillité des citoyens.

Enfin, la troisième ligne devait comprendre tous les citoyens en état de porter les armes. Armés en tout temps, ils n'auraient été appelés à l'activité que pour la défense des frontières.

Les propositions de Dubois-Crancé ne furent pas adoptées et l'Assemblée, décréta que l'armée continuerait à être recrutée par enrôlements volontaires à prix d'argent.

Les *milices* que Louvois avait instituées et qui avaient rendu de grands services, notamment sur les frontières de Savoie pendant les guerres de la succession d'Espagne et de la succession d'Autriche, furent supprimées. Le recrutement de ces milices, fait par tirage au sort, était antipathique aux populations. Presque tous les cahiers des États-Généraux en avaient demandé la suppression.

L'effectif de l'armée était fixé à 150.000 hommes. Mais, vers la fin de 1790, le défaut d'enrôlements, l'émigration et la désertion avaient réduit cet effectif à 115.000 hommes. Nos frontières étaient dégarnies et, comme la situation extérieure se compliquait chaque jour davantage, les populations, inquiètes, réclamaient des mesures de défense.

Sur la proposition de Alexandre de Lameth, l'Assemblée décréta en février et mars 1791, la formation d'une armée de seconde ligne de 100.000 hommes appelés *auxiliaires*. « Vivant « dans leurs domiciles, livrés à leurs occupa- « tions habituelles, » ces auxiliaires devaient s'engager pour 3 ans à marcher, en temps de guerre, dans l'armée de ligne.

Dans l'esprit des législateurs, cette armée d'auxiliaires devait remplacer les précieuses ressources des milices. Mais elle n'exista pas en réalité ; la levée des volontaires nationaux, faite quelques mois après, tarit bien vite l'en- rôlement des auxiliaires.

Dès le 8 juillet 1789, Mirabeau avait proposé l'organisation de gardes bourgeoises. Le 14 juillet suivant, ces gardes s'organisèrent spon- tanément à Paris sous le nom de *Gardes Nationales*. La province ne tarda pas à suivre l'exemple de la capitale.

Cette création, faite en dehors de toutes pres- criptions légales, amena de grandes dissemblan- ces dans les différents corps de la garde natio- nale. Pour les faire cesser, l'Assemblée décida, en décembre 1789, qu'il ne serait plus créé de nouveaux corps jusqu'à ce qu'il fût établi une règle unique. Elle décréta, le 2 juin 1790, que les gardes nationaux n'étaient que des citoyens actifs armés pour la défense de la loi ; elle en fixa l'uniforme, le 19 juillet 1790, et, enfin, donna les règles d'organisation, le 29 septembre 1791.

A cette époque, on comptait 2 à 3 millions de gardes nationaux en France. Mais cet effectif formidable était loin de représenter une force vraiment utilisable. Presque pas exercés, la plupart non armés, les gardes nationaux, malgré leur bonne volonté et leur patriotisme, ne faisaient souvent qu'augmenter la confusion générale quand ils étaient appelés pour maintenir l'ordre ou réprimer le brigandage et le pillage.

Dès le début de l'année 1791, les événements prirent une tournure inquiétante. Les puissances étrangères suivaient avec appréhension les progrès de la Révolution. Les menaces des émigrés s'accentuaient et des rassemblements hostiles étaient signalés sur nos frontières. A l'intérieur, les troubles du Midi et de l'Ouest faisaient craindre la guerre civile.

Des mesures énergiques s'imposaient pour parer à ces divers dangers. Il fallait surtout réorganiser l'armée dont les effectifs et les cadres fondaient à vue d'œil. Mais cette armée, suspectée d'être plutôt dévouée à l'ancien régime, n'était pas populaire. Les patriotes la considéraient comme un instrument de despotisme et un foyer d'aristocratie. Comme on ne pouvait pas se passer de ses services, l'Assemblée reconstitua ses cadres sur de nouvelles bases et s'attacha à lui inspirer des principes plus conformes à l'esprit de la Révolution.

Cependant, comme il était nécessaire d'augmenter nos forces militaires, le Comité militaire de l'Assemblée proposa de créer, à côté de l'armée régulière, des corps nouveaux prélevés sur les gardes nationales qui faisaient partout preuve d'un ardent patriotisme et étaient dévouées au nouvel ordre de choses.

Le principe de cette levée, à raison d'un volontaire par vingt gardes nationaux, était en discussion quand la fuite du roi Louis XVI fit hâter le vote de l'Assemblée. Dans la crainte d'une guerre immédiate, elle décréta, le 21 juin 1791, la mise en activité de la garde nationale et invita les gardes nationaux à s'enrôler pour la défense des frontières.

Les décrets des 22 juillet et 17 août suivants prescrivirent la formation, avec ces *volontaires*, de 169 bataillons de 574 hommes et, enfin, les bases de l'organisation de cette levée furent déterminées par les décrets des 4 et 6 août et le règlement du 28 décembre 1791.

Le contingent demandé à chaque département était en raison du chiffre de sa population. Les autorités départementales étaient chargées d'enrôler, de rassembler, d'habiller, d'équiper et d'armer les volontaires. L'exclusion de toute autorité militaire dans cette organisation avait pour but de donner une sorte de naissance civique à ces corps nouveaux.

Chaque bataillon devait se composer de neuf compagnies, dont une de grenadiers, à l'effectif de 63 hommes, y compris les cadres. Ces cadres étaient deux capitaines, deux lieutenants ou sous-lieutenants, un sergent-major, deux sergents, quatre caporaux et un tambour. L'état-major devait comprendre deux lieutenants-colonels, un quartier-maître-trésorier ayant rang et solde de lieutenant, et un armurier ayant rang et solde de caporal. (1)

Les officiers et les sous-officiers étaient nommés à l'élection et choisis parmi les sujets ayant servi précédemment, soit dans les troupes de ligne, soit dans la garde nationale.

---

(1) En réalité, il n'y eut qu'un capitaine par compagnie et, le plus souvent, qu'un lieutenant-colonel par bataillon.

Les lieutenants-colonels et le quartier-maître étaient aussi nommés à l'élection, mais l'un des deux lieutenants-colonels devait avoir commandé une compagnie des troupes de ligne ou de la garde nationale.

En outre, à l'état-major étaient attachés un adjudant-major pour l'instruction et un adjudant pour l'organisation, la discipline et les détails du service. Ils étaient désignés par l'officier général dont dépendait le bataillon. L'adjudant major devait être pris parmi les lieutenants des troupes de ligne.

Cet adjudant-major et cet adjudant n'étaient mis à la disposition des bataillons de volontaires que jusqu'au 1er avril 1792. Ils devaient être remplacés à cette date par de nouveaux titulaires nommés à l'élection.

Le chirurgien major était désigné la première fois par le Directoire du département et devait être remplacé à l'élection, en cas de vacance.

Les engagements n'étaient que pour un an. Par conséquent, les volontaires pouvaient se retirer à la fin de chaque campagne en prévenant leur capitaine deux mois à l'avance. La campagne était censée terminée le 1er décembre de chaque année.

Au fur et à mesure de leur formation, les bataillons devaient passer sous les ordres de l'officier général commandant les troupes de ligne du département. Ils devaient faire le même service que ces troupes et être soumis aux mêmes règlements.

Les propositions faites pour encadrer les volontaires ou pour embrigader les nouveaux bataillons dans l'armée de ligne furent repoussées. L'Assemblée décida même, qu'en aucun cas, les volontaires ne pourraient entrer dans la composition de l'armée de ligne. Elle craignait que « la discipline n'affaiblît leur amour « de la liberté et que, rendus idolâtres de leurs « chefs, ils ne devinssent les soldats du roi.» Elle voulait avoir, « à côté de l'armée de l'an- « cien régime, l'armée de la nation composée « uniquement de « *citoyens-soldats* ».

II

Le 2ᵉ Bataillon de l'Isère

Cette levée, acceptée avec enthousiasme, se fit rapidement dans le département de l'Isère, pays frontière à cette époque. Les habitants du district de La Tour-du-Pin pouvaient craindre une invasion subite venant de la Savoie. Leurs inquiétudes s'augmentaient de la présence, à la cour de Turin, du comte d'Artois, frère du roi, du passage fréquent des émigrés et de la publication de dépêches alarmantes saisies sur divers personnages suspects arrêtés à Bourgoin.

Aussi l'empressement des citoyens fut-il grand pour s'enrôler. Les municipalités ouvrirent les registres d'inscription dès le mois de juillet 1791. A la fin de ce mois, on comptait 68 inscriptions dans la seule commune de Bourgoin. Au mois d'octobre, les commissaires désignés par le Directoire du département pour examiner les volontaires purent exercer leur choix sur 111 candidats de cette commune. (1)

____

(1) Pièce justificative nº 1.

Afin de mettre les volontaires à même de partir dès que les circonstances l'exigeraient, la Société des Amis de la Constitution de La Tour-du-Pin ouvrit une souscription le 29 juin. Le Président de cette société, Camille Duvivier, que ses concitoyens élurent plus tard capitaine, s'était enrôlé des premiers.

Le but de cette souscription était de réunir de suite les fonds nécessaires pour pourvoir aux premières dépenses et à la solde des gardes nationales volontaires du district « que « l'amour de la Patrie engage à partir pour « son service, de manière que l'Etat n'ait à « solder dans les premiers moments que les « troupes de ligne et les auxiliaires. »

« Bien convaincus de votre civisme, disait « Camille Duvivier à ses concitoyens, et sa- « chant que la Liberté, ouvrage de notre « heureuse Constitution, vous est aussi chère « que l'esclavage dans lequel nous gémissions « vous était insupportable, c'est avec confiance « que nous vous invitons à souscrire.

« C'est en nous précautionnant contre toute « attaque de la part de nos ennemis que nous « parviendrons à rendre leurs tentatives inu- « tiles. Ce n'est qu'en nous mettant en état de « défense que nous pourrons nous assurer la « paix.

« Ne doutons pas un moment que tous les
« princes de l'Europe n'aient le plus grand
« intérêt à voir notre Constitution renversée
« et s'ils avaient le projet d'opérer ce renver-
« sement par la force des armes, ils apprendront
« qu'outre une résistance vigoureuse qu'ils
« éprouveront de la part de notre armée com-
« posée de troupes de ligne et d'auxiliaires, ils
« auront encore à combattre une masse redou-
« table de citoyens-soldats dont le cri de
« guerre a été depuis le commencement de la
« Révolution et sera jusqu'à son achèvement :
« **Vivre libre ou mourir !** »

Les municipalités mirent aussi le plus grand
zèle pour activer les enrôlements et pour faciliter les souscriptions. Les listes d'enrôlement
furent adressées aux administrateurs du département et du district dès le mois de juillet.
Le 26 juillet, le maire de Bourgoin avise le
Directoire du département qu'il a formé une
compagnie de volontaires « composée d'une
« jeunesse courageuse qui se distingue par le
« patriotisme le plus ardent et qui brûle du
« désir de se signaler. Mais elle est impatiente
« de nommer ses officiers pour être en état
« d'apprendre le service et s'aguerrir et on
« craint que le moindre retard puisse refroidir
« son ardeur. »

Enfin, le 23 août 1791, le Directoire du département fait connaître qu'il vient de recevoir du Ministère de la Guerre l'état de répartition des 97.000 gardes nationaux qui doivent entrer dans la formation des 169 bataillons destinés à la défense des frontières.

Le département de l'Isère y est compris pour 2.870 hommes à répartir en cinq bataillons. Le district de Grenoble doit fournir deux bataillons ; les trois autres seront fournis respectivement par chacun des districts de La Tour-du-Pin, de St-Marcellin et de Vienne. Les deux bataillons du district de Grenoble prendront les nos 1 et 3 ; celui de La Tour-du-Pin, le no 2 ; celui de St-Marcellin, le no 4 et, enfin, celui de Vienne, le no 5.

Ces nouveaux corps doivent entrer dans la composition de la 7e division militaire appelée à s'échelonner sur les frontières de la Savoie et du Piémont.

Les instructions du Directoire prescrivent de n'admettre à s'enrôler que les hommes de cinq pieds et au-dessus, dans la force de l'âge, robustes, sains, sans difformités naturelles ou accidentelles et de donner la préférence aux garçons et veufs sans enfants et surtout à ceux qui ont déjà servi dans les troupes de ligne ou dans la garde nationale.

Le Directoire désigne en même en temps les commissaires chargés de réviser les listes d'enrôlement et de rassembler les bataillons. Pour le district de La Tour-du-Pin, ces commissaires sont MM. Bizanet et Varnet.

Ces derniers procèdent à la révision dans le courant du mois d'octobre. Ils n'ont qu'à se louer « du zèle, du courage et de la bonne « volonté que les citoyens ont fait éclater, de « sorte que s'ils avaient voulu profiter de ces « heureuses dispositions, ils auraient aisément « doublé le contingent que le département de « l'Isère avait à fournir. » (1)

Ce fut le dimanche, 13 novembre, que les volontaires admis dans le district de La Tour-du-Pin furent appelés. Ils se réunirent dans chaque chef-lieu de canton pour se former en troupe sous le commandement d'un chef provisoire et un membre ou un délégué de chaque municipalité accompagna cette « *belle jeunesse* » à La Tour-du-Pin.

A leur arrivée, les commissaires formèrent huit compagnies égales sans séparer, autant que possible, les hommes du même canton. C'est ainsi que les volontaires des cantons de

____

(1) Arrêté du Directoire du département du 27 octobre 1791.

Parmilieu et Quirieu formèrent la 1re Cie; (1)

Pont-de-Beauvoisin, les Abrets, St-Geoire et
Chirens, la 2e compagnie ;

Bourgoin et Veyssilieu, la 3e compagnie ;

Morestel et St-Jean-d'Avelanne, la 4e Cie ;

Corbelin, la 5e compagnie ;

Crémieu, St-Chef, Arandon et Trept, la 6e Cie ;

La Tour-du-Pin et Cessieu, la 7e compagnie ;

Virieu, Bizonnes, Châbons et Lemps, la 8e
compagnie.

Après avoir constitué la compagnie de grenadiers en désignant, dans chaque compagnie, huit hommes de la plus haute taille, les volontaires se rendirent dans l'ancienne chapelle des Récollets pour procéder à l'élection des cadres.

Furent nommés :

a) à l'état-major du bataillon :

MM. Bizanet
Dampmartin } lieutenants-colonels.

Bouquin, quartier-maître-trésorier.

____

(1) Le district de La Tour-du-Pin comptait 21 cantons à cette époque. Parmilieu, Quirieu, Veyssilieu, Trept, Arandon, St-Chef, Cessieu, Corbelin, Bizonnes, Châbons, les Abrets et St-Jean-d'Avelanne étaient chefs-lieux de canton. — Chirens, chef-lieu de canton pour les communes d'Oyeu, d'Apprieu et de Charavines, faisait partie du même district.

Désignation	Capitaines	Lieutenants	Sous-Lieutenants	Sergents-Majors	1er Sergents	2e sergents
Grenadiers	Boissier	Roche	Douillet	Pasquet	Apprin	Derio
1re	Billiez Benoît	Beaufrère	Tournois	Clerc	Billiez Antoine	Beaujeu
2e	de Bruno	Paret	Bin	Gautier	Péronnier	Portier
3e	de Rosière	Durand	Badin	Chapuis	Faure	Bonnet
4e	Bernard-Marigny	Bertrand	Gourju	Salle	Guillioud	Grandval
5e	Baudrand	Souvraz	Coche	Mesly	Bernachot	Mielly
6e	Larrivé	Reverdy	Trichon	Perrin	Morel	Veyret
7e	Duvivier	Olivier dit Tirepot	Gaget Joseph	Gallet	Venon	Gaget Victor
8e	Gallien	Vial	Comte	Fuzier	Charvet	Genevay

b/ dans les compagnies :

Ce choix était des plus heureux. En gens sensés, les Dauphinois des Terres-Froides et des Terres-Basses mettaient à leur tête ceux d'entre eux qui, par leurs services antérieurs et par leur caractère, étaient le plus aptes à les commander. Aussi, parmi les élus, ne tarderont pas à se faire remarquer les généraux Bizanet et de Bruno, le commissaire des guerres Bouquin, le colonel Bernard-Marigny et les commandants Duvivier et Bin. Nombreux seront aussi ceux qui tomberont en braves sur les champs de bataille du comté de Nice.

L'élection des cadres terminée, le bataillon fut conduit, par compagnies organisées, dans la prairie de Praille pour y être passé en revue.

Chaque compagnie formait deux pelotons de deux sections chacun. Le lieutenant et le 1er sergent avaient la surveillance et le commandement du 1er peloton, le sous-lieutenant et le 2e sergent, du 2e peloton. Chaque section comprenait 1 caporal et 13 gardes. Le sergent-major avait autorité sur les deux pelotons pour tout ce qui concernait l'instruction, la police, la discipline et la comptabilité.

Du jour de leur rassemblement, les gardes nationaux volontaires étaient soldés d'après le tarif journalier ci-après :

```
Garde . . . . . . . . . 1 solde,    ou 15 sous
Caporal, tambour et armurier. 1 — 1/2 — 22 — 1/2
Sergent et sergent-major . . 2 —     — 30 —
Adjudant. . . . . . . . 2 — 1/2 — 37 — 1/2
Sous-lieutenant. . . . . 3 —     — 45 —
Lieutenant . . . . . . . 4 —     — 60 —
Capitaine . . . . . . . 5 —     — 75 —
Lieutenant-colonel. . . . 6 —     — 90 —
```

Ils devaient pourvoir à leur nourriture au moyen de cette solde et faire ordinaire par section.

D'après les décrets d'organisation, les volontaires devaient être pourvus de l'habillement et de l'équipement du modèle de la garde nationale ainsi que de certains effets de linge et de chaussure. (1) Ceux qui n'en étaient pas pourvus n'avaient pas le droit de les réclamer, mais le Directoire du département pouvait les leur fournir à charge de remboursement. La retenue journalière à faire sur la solde pour ce remboursement était fixée à 3 sous pour l'habillement et le petit équipement et à 2 sous pour le grand équipement.

L'administration du bataillon était confiée à un Conseil composé du Lieutenant-colonel, d'un officier et d'un sous-officier de chaque grade, de l'adjudant-major et de quatre volontaires.

____

(1) Voir la nomenclature de ces effets; pièce justific. n° 2.

A la revue passée dans la prairie de Praille, les capitaines relevèrent, pour chaque volontaire, les effets qui manquaient et le chef de corps récapitula le résultat de cette revue pour l'ensemble du bataillon.

Peu de volontaires étant pourvus des effets règlementaires, les administrateurs du district de La Tour-du-Pin et les municipalités mirent la plus grande diligence pour se procurer l'étoffe nécessaire. Mais la qualité du drap exigé par le Ministre de la Guerre étant difficile à trouver, le Directoire du département dut procéder à une adjudication générale.

Les volontaires étaient logés chez l'habitant et chacun d'eux avait droit à un lit. Pour se conformer à la loi, la municipalité de La Tour-du-Pin avait apporté tous ses soins à la réquisition des lits nécessaire. Mais nos « *Brûleurs de loups* », (1) soldats improvisés que la discipline ne pouvait encore retenir, n'eurent pas, pour leurs débuts, une conduite exemplaire. Les lits furent bientôt hors d'usage et de trop grandes libations produisirent de tels désordres que la municiqalité dut prendre divers arrêtés et défendre aux cabaretiers de donner à boire aux volontaires déjà ivres.

____

(1) Appellation familière des habitants du Dauphiné.

A la suite des nombreuses plaintes des habitants, le Directoire du département ordonna le déplacement du bataillon en attendant son passage sous les ordres de l'autorité militaire. Provisoirement, ce fut à Bourgoin qu'il fut envoyé.

Le bataillon arriva dans cette ville le 25 novembre et fut très bien accueilli par les habitants. La municipalité avait demandé à recevoir, comme garnison, un des bataillons de volontaires formés dans le département.

Le capitaine de Rosière, qui commandait la 3ᵉ compagnie, composée des volontaires du canton de Bourgoin, était déjà venu le 20 novembre pour présenter ses soldats à la Société des Amis de la Constitution. Aux applaudissements enthousiastes des membres de cette société, il s'était porté garant de leur « *dévouement patriotique* ».

La ville de Bourgoin avait été désignée en 1790 pour être le siège du Tribunal civil du district. En attendant la construction de locaux mieux aménagés, tribunal et prison avaient été provisoirement installés dans l'ancien château. Certaines évasions ayant provoqué des désordres, le Président du Tribunal adressa, le 30 novembre, une réquisition au Lieutenant-Colonel Bizanet « pour prêter main-forte à la justice ». Comme ses volontaires n'étaient pas encore armés, le commandant du bataillon réquisitionna, à son tour, les armes et les munitions nécessaires pour une compagnie à la municipalité de Bourgoin. Mais cette dernière se trouvait dans l'obligation de retirer autant de fusils à la garde nationale de la ville. Craignant de ne pouvoir plus rentrer en possession des armes qu'elle avait eu tant de peine à se procurer, la municipalité préféra faire assurer l'ordre elle-même en doublant les postes de la garde nationale.

De même que les gardes nationales, les bataillons de volontaires fréquentaient les réunions publiques. En 1791, il s'était formé presque partout des sociétés populaires affiliées au club des Jacobins de Paris. Elles prenaient le nom de « Sociétés des Amis de la Constitution » et avaient pour but de créer dans la masse populaire un esprit favorable aux nouvelles idées. Elles avaient largement contribué au succès de l'enrôlement des volontaires nationaux et c'est parmi leurs membres que la plupart des officiers et des sous-officiers avaient été choisis. Aussi, voyons-nous les bataillons de volontaires qui se succèdent à Bourgoin, se présenter en corps dans la Société formée dans cette ville. Leurs commandants sont même souvent appelés à les présider. Cette fréquentation, peu profitable à la discipline, eut du moins l'avantage d'entretenir l'enthousiasme.

Le lieutenant-colonel Bizanet se présenta le 4 décembre, avec les officiers de son bataillon, à la Société des Amis de la Constitution de Bourgoin. Il y fut acclamé et, après avoir prêté, au nom du bataillon, le serment de maintenir la Constitution de tout son pouvoir et de « Vivre libre ou de mourir », tous les officiers sous-officiers, caporaux et soldats furent reçus, en bloc, membres de la Société.

Le lendemain de cette réception, le bataillon était avisé qu'il allait être dirigé sur Moirans et passer sous les ordres de l'autorité militaire.

Son départ était fixé au 8 décembre et, contrairement à ce qui s'était passé à La Tour-du-Pin, il causa des regrets aux habitants de Bourgoin. (1)

Ce fut le 10 décembre 1791, le lendemain de son arrivée à Moirans, que le bataillon de

______

(1) Les volontaires de La Tour-du-Pin furent remplacés à Bourgoin le 10 décembre par le bataillon de St-Marcellin (4e de l'Isère) qui y tint garnison jusqu'au 4 mars 1792. A cette date arriva le 1er Bataillon de l'Isère. Au mois de juillet suivant, les 1er et 4e bataillons de l'Isère se rendirent au camp de Cessieu.

volontaires de La Tour-du-Pin prit rang parmi les troupes régulières sous le nom de 2e Bataillon de l'Isère. Le maréchal de camp Philippe de Fezensac et le commissaire des guerres Alexandre Duparc en passèrent la revue et dressèrent procès-verbal de cette opération. (1)

Le même jour, il reçut son drapeau du Directoire du département et chaque officier, sous-officier et volontaire prononça solennellement devant lui le serment militaire prescrit par décret de l'Assemblée nationale. Ce serment était ainsi conçu :

Pour les officiers et sous-officiers : « *Je jure d'être fidèle à la Nation, à la Loi et au Roi, de maintenir de tout mon pouvoir la Constitution, d'exécuter et de faire exécuter les règlements militaires.* »

Pour les volontaires : « *Je jure d'être fidèle à la Nation, à la Loi et au Roi, de ne jamais abandonner mon drapeau et de me conformer en tout aux règles de la discipline militaire* ».

Ce drapeau, sur lequel on lisait : « *Département de l'Isère.— 2e Bataillon* », était sur fond blanc à bandes bleues et rouges alternatives. Il était porté par le sergent-major Pasquet, de la compagnie de grenadiers, désigné à l'ordre par le lieutenant-colonel Bizanet.

____

(1) Voir pièces justificatives nᵒˢ 3 et 4.

Le Général BIZANET,

Ancien Lieutenant-Colonel des Volontaires Nationaux de La Tour-du-Pin.

Ce portrait, conservé à la bibliothèque nationale, a été reproduit dans la Notice biographique sur le Général BIZANET de M. Ed. Maignien. Les vers sont de Maurice Genève, ancien officier supérieur qui les fit inscrire au bas du portrait.

La ville de Moirans ne pouvant loger tout le bataillon, quatre compagnies furent détachées à Tullins. L'instruction militaire des volontaires, déjà commencée à La Tour-du-Pin et à Bourgoin, fut poursuivie avec entrain suivant les prescriptions du règlement donnant les principes et moyens uniformes pour le maniement des armes et les évolutions militaires. Ce règlement, portant la date du 1er janvier 1791, avait été rédigé par le Comité militaire de l'Assemblée constituante.

Quelques désertions s'étant produites et comme le bruit courait que le bataillon allait encore changer de garnison, la municipalité de Moirans s'émut et envoya, le 14 décembre, des commissaires au Directoire du département. Ces commissaires demandèrent le maintien à Moirans de la moitié du bataillon « malgré les manœuvres contraires de « quelques ennemis de la Révolution qui « cherchent à dégoûter les volontaires et les « engagent à quitter leur drapeau ». (1)

------

(1) Archives de la mairie de Moirans et archives départementales.

III

Dans le Midi

De graves désordres s'étaient produits dans le Midi de la France. La ville de Marseille, révoltée contre les commissaires de l'Assemblée nationale, s'était érigée en République libre. Elle avait levé une armée et entrepris la conquête du département des Bouches-du-Rhône.

Après s'être emparé d'Aix, alors chef-lieu du département, les Marseillais, au nombre de 4.500 avec 19 canons, marchèrent sur Arles. Ils firent brèche aux murailles, quoique la ville ne se défendît pas, et se livrèrent au pillage.

Le lieutenant-général de Witgenstein, qui commandait dans le Midi, avait bien offert d'employer les troupes de ligne pour repousser les envahisseurs ; mais le Directoire du département, nouvellement installé par les Marseillais, s'opposa à cette intervention.

Ces désordres et les agissements suspects de la cour de Sardaigne décidèrent l'Assemblée nationale à mettre toutes les troupes de la région Sud-Est de la France sous un commandement unique. *L'armée du Midi* fut donc créée le 13 avril 1792. Le lieutenant général de Montesquiou en reçut le commandement et remplaça le lieutenant-général de Witgenstein accusé de manque de fermeté.

L'emploi des troupes de ligne pour réprimer le désordre ne paraissait pas prudent à cause de l'état de surexcitation des populations. Les Marseillais avaient déjà obtenu le désarmement et le licenciement d'un des régiments suisses à la solde de la France. Il fut donc décidé qu'on emploierait les volontaires de préférence. Le général de Montesquiou, ayant la plus grande confiance dans le caractère énergique du lieutenant-colonel Bizanet, envoya le 2ᵉ bataillon de l'Isère à Arles.

Ce bataillon se mit en route le 18 avril 1792. En passant à Valence, il fut reçu par la société populaire de cette ville qui proclama son lieutenant-colonel « surveillant par excel-« lence des surveillants des amis de la « Constitution » (1).

____

(1) Ed. Maignien. — Notice biographique sur le général Bizanet. 1902, Grenoble, Librairie Dauphinoise.

Les volontaires de la Tour-du-Pin arrivèrent à Arles à la fin du mois d'avril en même temps que les Marseillais en partaient. Leur présence ramena la tranquillité dans le pays (1).

La loi du 6 mai 1792 ayant porté à 800 hommes l'effectif des bataillons de volontaires, il fallut pourvoir au recrutement des hommes de complément et au remplacement des quelques déserteurs qui, malgré les ordres énergiques du général de Montesquiou, n'avaient pas rejoint.

Comme cette loi ordonnait aussi la création de 46 bataillons nouveaux, le Directoire du département de l'Isère décida qu'on commencerait par l'enrôlement des volontaires de complément. Cet enrôlement fut confié à des commissaires officiers et sous-officiers pris dans les bataillons à compléter. Les commissaires du 2ᵉ bataillon de l'Isère revinrent donc dans le district de la Tour-du-Pin et reçurent, pour ce service, une indemnité journalière de 10 livres pour les officiers et de 6 livres pour les sous-officiers, payable sur mandat par les receveurs du district.

-----

(1) Journal patriotique de Grenoble, nᵒ du 24 mai 1792

Pour aider l'Etat à faire face aux dépenses que ces mesures occasionnaient, ainsi qu'aux frais de la guerre qui venait d'être déclarée à l'Autriche, on fit appel à la générosité des citoyens et les municipalités furent invitées à ouvrir un registre pour inscrire les « offrandes patriotiques ».

Le 2e bataillon de l'Isère ne séjourna pas longtemps à Arles. Les volontaires du département du Var, employés à la surveillance de la frontière du comté de Nice, avaient fomenté une émeute à Antibes. On dut faire marcher contre eux un bataillon du 72o de ligne. Pour garantir la frontière de ce côté, le bataillon Bizanet reçut l'ordre de partir le 16 mai pour Antibes. Il y arriva le 26 du même mois (1).

La bonne tenue des volontaires dauphinois à Arles et à Antibes ainsi que la grande confiance qu'avait su inspirer le lieutenant-colonel Bizanet engagèrent le général Barbentane à faire venir le 2e bataillon de l'Isère dans le Comtat-Venaissin pour contribuer au rétablissement de l'ordre gravement troublé.

En effet, depuis le départ du vice-légat du pape, sous la dépendance de qui se trouvaient

____

(1) Journal patriotique de Grenoble, no du 3 juin 1792.

Avignon et le Comtat-Venaissin, la plus grande anarchie régnait dans le pays. Malgré l'intervention de l'Assemblée nationale et le décret d'annexion à la France, la guerre civile, suivie d'horribles massacres, avait éclaté à Avignon et aux environs.

Après avoir occupé successivement Carpentras, Avignon, Orgon et Cavaillon, le 2e bataillon de l'Isère arriva à Aix le 29 août.

La situation des volontaires au milieu des populations méridionales était très délicate. Bien vus des patriotes et des modérés dont ils étaient la sauvegarde, ils étaient, par contre, l'objet de la haine des exaltés. Il y avait danger pour eux de circuler dans certains quartiers de la ville d'Aix. Les volontaires isolés étaient souvent maltraités et on venait même, les injurier jusqu'à la porte de leur caserne. Les sages mesures prises par le lieutenant-colonel Bizanet et l'attitude énergique des volontaires qui se traduisit par de sévères leçons données à quelques énergumènes, ramenèrent un peu de calme.

Malgré cet état de surexcitation, les populations manifestaient généralement des regrets au départ du bataillon. A Carpentras, la société des Jacobins déclarait « que tous les

« fusiliers, sous-officiers, officiers et comman-
« dant emportaient l'amour et la vive recon-
« naissance des habitants ». A Aix, la société
des Anti-politiques recevait en bloc, comme
membres, tous les citoyens-soldats du 2ᵉ bataillon de l'Isère et remettait, le 16 septembre 1792,
au lieutenant-colonel Bizanet, secrétaire de la
société, un certificat constatant « qu'il s'était
« comporté, pendant son séjour à Aix en
« homme vraiment libre et que son civisme,
« aussi pur qu'éclairé, était au-dessus de tout
« éloge » (1).

Le séjour à Aix fut mis à profit pour faire
l'instruction des volontaires de complément
qui avaient rejoint le bataillon à Carpentras.
Parmi eux, se trouvait Raverat, jeune apprenti
tailleur originaire de Crémieu, qui, par sa
bravoure, parvint au grade de lieutenant et
mérita d'être élevé à la dignité de baron de
l'Empire.

Quoique arrivées depuis trois mois, ces
recrues portaient encore leurs vêtements civils,
en mauvais état pour la plupart. Ce n'est qu'à
Aix qu'on put leur donner leurs uniformes et
leur équipement. Des divergences d'interpré-
tation de la loi par les administrations dépar-

____

(1) Ed. Maignien. — Notice biographique sur le général
Bizanet.

tementales chargées d'habiller et d'équiper les volontaires et aussi diverses difficultés d'exécution furent cause des retards apportés dans cette fourniture (1).

Malgré cet appoint de recrues, l'effectif du bataillon n'atteignit pas le chiffre indiqué.

La marche des armées autrichienne et prussienne vers nos frontières du nord-est avait fait prendre à l'Assemblée législative de nouvelles mesures pour activer les enrôlements. Comme nous l'avons vu, il s'agissait, non seulement de compléter l'effectif des bataillons formés l'année précédente, mais encore d'en créer de nouveaux.

Pour réveiller le patriotisme et exciter les courages, le décret du 11 juillet 1792 proclama la « Patrie en danger ». Les autorités locales et les sociétés populaires firent ressortir le caractère national de la guerre qui allait s'engager. Elles firent comprendre aux populations qu'en maintenant la Révolution par les armes, elles défendaient en même temps leurs propres intérêts. « Partez, généreux « citoyens, disait le Conseil permanent du

____

(1) Baron Achille Raverat. — Notice historique sur la vie militaire du baron Raverat, de la noblesse de l'Empire. Paris, Schulz et Thuillié, 7, quai des Augustins. — Lyon, Ayné fils, 2, rue St-Dominique — 1855.

département de l'Isère dans sa proclamation,
« volez à cette inscription glorieuse. Allez
« mériter qu'un jour, vos derniers neveux, en
« cherchant, dans les fastes de notre histoire,
« les noms des premiers défenseurs de la
« Patrie, puissent y montrer les vôtres à leurs
« contemporains et leur dire avec orgueil :
« Mon père aussi combattit pour la Liberté ! » (1)

A cet appel, l'empressement des citoyens à
s'inscrire sur les registres d'enrôlement ne fut
pas moindre que l'année précédente. Le canton
de Bourgoin, qui n'avait à fournir que
26 hommes, en présenta 85. Cette preuve de
dévouement patriotique valut à ce canton les
félicitations officielles des administrateurs du
district et du Conseil général du département (2).

La plupart de ces nouveaux volontaires
rejoignirent le 2e bataillon de l'Isère au mois
de décembre de la même année.

----

(1) Archives départementales, registre L 56, fol. 74.
(2) Arrêtés du 18 août 1792 du conseil du district de la
Tour-du-Pin et du 25 août suivant du Conseil général du
département. Voir aussi « Patriotisme des Bergusiens », par
Gustave Vellein. (Bourgoin, imp. et lith. F. Moulin), où figu-
rent les noms de ces nouveaux volontaires.

IV

Campagne de 1792

Malgré les rassemblements hostiles des émigrés et le renforcement des troupes sardes à la frontière, les populations de la Savoie restaient sympathiques à la France et approuvaient secrètement les réformes de la Révolution.

De nombreux Savoisiens, accourus en France, arboraient la cocarde tricolore et prenaient part à nos fêtes patriotiques. Ils s'enrôlèrent dans la légion allobroge créée en août 1792.

Après avoir prononcé la déchéance du roi, l'Assemblée législative avait confié la direction de la défense nationale à un Conseil exécutif provisoire. Au lendemain de la victoire de Valmy, les membres de ce Conseil conçurent l'espoir, non-seulement de repousser l'invasion, mais encore de conquérir les frontières naturelles de l'ancienne Gaule.

Du côté des Alpes, la tentation était trop forte et le général de Montesquiou reçut l'ordre d'envahir la Savoie. Un manifeste, approuvé par le Ministre de la Guerre, tint lieu de déclaration de guerre.

Ce manifeste, daté du 21 septembre 1792, jour de la proclamation de la République, déclarait que le gouvernement français apportait les bienfaits de la liberté aux peuples de la Savoie.

Le lendemain, les troupes françaises entraient en Savoie. Les Piémontais se retiraient presque sans résistance et évacuaient peu après les vallées de la Maurienne et de la Tarentaise.

Sur la demande des autorités locales, le général de Montesquiou entra triomphalement dans Chambéry le 24 septembre. En remettant les clefs de la ville, le syndic déclara : « Nous ne sommes pas un peuple conquis, « mais un peuple délivré. »

Quelques jours après, l'union de la Savoie à la France était solennellement proclamée dans la cathédrale de Chambéry.

Au moment de pénétrer en Savoie, le général de Montesquiou avait prescrit au lieutenant-général d'Anselme. commandant la *division du Var*, d'envahir le comté de Nice. Son mouvement devait être appuyé par l'escadre mouillée au golfe Jouan.

Un corps d'armée piémontais, fort de 10.000 hommes de troupes régulières ou de milices, sous les ordres du général de Courten, gardait la rive gauche du Var, depuis la mer jusqu'à Puget-Théniers. Le général d'Anselme, ne disposant que de 8 bataillons, dont 6 de volontaires, ne pouvait commencer les opérations avant l'arrivée des renforts qui lui étaient annoncés. Mais, pour intimider l'ennemi, il faisait annoncer que son armée allait être portée à l'effectif de 40.000 hommes et il en faisait préparer les logements.

Le 2ᵉ bataillon de l'Isère avait reçu l'ordre de rejoindre la division du général d'Anselme. Parti d'Aix le 17 septembre, il était le 19 à St-Maximin, le 22 à Lorques et le 24 à Fayence. Arrivé le 27 au camp de St-Laurent, sur le Var, il prenait rang dans la brigade du maréchal de camp Brunet.

Les 27 et 28 septembre, l'escadre française croise devant Nice et Villefranche. Le général piémontais, troublé par la nouvelle des succès des Français en Champagne et en Savoie, s'exagère la force du corps du général d'Anselme. Craignant un débarquement à Monaco ou à Menton qui aurait amené en peu de temps les troupes françaises sur ses lignes de communication, il se replie précipitamment sur Saorge (1).

Cette retraite s'effectue dans le plus grand désordre. La ville de Nice abandonnée à elle-même, est pillée par la lie de la population.

Informé de ces évènements, le général d'Anselme traverse aussitôt le Var à gué avec une avant-garde de quatre bataillons. Il entre à Nice sans coup férir. Quelques grenadiers s'emparent du fort de Montalban le même jour. Le lendemain, Villefranche est occupée par nos troupes. En quelques heures, l'avant-garde de la division du Var avait pris deux places et un fort et fait de nombreux prisonniers.

Les habitants de Nice demandent à la Convention de décréter leur annexion à la France, « leur patrie primitive dont ils n'auraient « jamais dû être séparés ».

Le gros de la division devait rejoindre l'avant-garde en toute hâte. Malheureusement, une crue subite ne permettait plus le passage

---

(1) La principauté de Monaco comprenait à cette époque les territoires de Roquebrune, de Menton et de Castellar, c'est-à-dire toute la côte depuis Monaco jusqu'à la frontière italienne actuelle. Cette principauté était sous le protectorat de la France qui avait, en septembre 1792, un bataillon du 28ᵉ de ligne en garnison à Monaco.

du Var. L'avant-garde, elle-même, n'avait pu traverser que difficilement ce torrent dangereux, les hommes ayant de l'eau jusqu'aux épaules. Un temps affreux, qui dure douze jours, immobilise les troupes françaises sur la rive droite.

Malgré ce contre-temps, le général d'Anselme envoie le maréchal de camp Brunet en reconnaissance avec deux bataillons et quelques dragons. Ce détachement atteint l'Escarène le 1er octobre et met le col de Braus en état de défense. Le 4, il continue son mouvement sur Saorge et refoule quelques miliciens au col de Brouis. Arrêté par des forces supérieures, il rétrograde sur le col de Pérus et occupe Sospel.

Les Piémontais étaient solidement installés à Saorge. Ils faisaient garder les hauteurs qui dominent la route de Nice à Coni par les montagnards et les milices.

La traversée du Var ayant pu enfin s'effectuer, le 2e bataillon de l'Isère est dirigé sur Sospel avec d'autres troupes. A l'arrivée de ces renforts, le général Brunet reprend l'offensive le 18 octobre. Il déloge les Piémontais du col de Brouis et fait occuper Breil. Il s'avance ensuite sur Saorge et somme inutilement de se rendre le commandant du fort dominant ce village.

Pendant ce temps, l'armée française envoie des détachements dans les vallées de la Vésubie et du Var. Lantosque et Puget-Théniers sont occupés par nos troupes.

Faute de tentes, la brigade du général Brunet ne peut garder le terrain qu'elle a conquis. Les troupes sont ramenées à Sospel où elles cantonnent. Elles se couvrent par des avant-postes qui occupent les hauteurs environnantes, notamment Castillon, le col de Pérus et le Moulinet.

Le 2e bataillon de l'Isère fournit quelques postes dans la vallée de la Bévéra, en amont et en aval de Sospel. La 4e compagnie est détachée à Castellar.

Le service des avant-postes était difficile et périlleux dans ces montagnes abruptes, en raison de l'hostilité des habitants. Ces derniers, adroits tireurs, faisaient partie des milices pour la plupart et se réunissaient en bandes pour attaquer surtout les sentinelles et les soldats isolés. Les massifs montagneux servaient de repaires aux « Barbets », dénomination des paysans des vallées vaudoises appliquée par extension aux miliciens sardes du comté de Nice. Chassés de leurs demeures, ruinés et exposés aux dénonciations de ceux de leurs compatriotes qui s'étaient ralliés à la France, les Barbets devinrent de véritables bandits et furent, au début de la campagne, la terreur des volontaires. Ils manquaient de solidité et de ténacité dans les combats, mais ils gênaient sérieusement les communications et les ravitaillements par leurs hardis coups de main. Facilement reconnaissables à leurs chapeaux en forme de pain de sucre, à leurs ceintures rouges et à leurs longues guêtres de cuir, ils descendaient de leurs rochers pour faire des incursions continuelles dans la vallée de la Bévéra.

Les postes français, installés au bivouac sous des abris improvisés ou dans quelque infractuosité de rocher, essuyaient souvent le feu d'ennemis invisibles. Bien souvent encore, leurs sentinelles étaient égorgées.

Peu aguerris, les volontaires se laissaient prendre aux ruses des Barbets. Dans la nuit, ces derniers détournaient l'attention par des lueurs lointaines pendant que d'agiles montagnards s'approchaient en rampant et, épiant le moment favorable, se jetaient d'un bond sur les sentinelles et les poignardaient. Même pendant le jour, et malgré les précautions prises, les volontaires se laissaient surprendre. On en retrouvait de pendus aux branches des arbres. Aussi, par représailles, les Barbets tombés entre leurs mains subissaient-ils le même sort (1).

Le général de Courten, rappelé, avait été remplacé à la tête de l'armée piémontaise par le général de St-André. Avec ce dernier étaient arrivés, dans le comté de Nice, des renforts autrichiens forts de 7 bataillons d'infanterie, de 4 escadrons de cavalerie et de 22 canons, en tout 6.000 hommes.

Le général de St-André se fait renseigner, par des reconnaissances, sur les dispositions prises par le général Brunet. Il envoie en même temps un détachement, par le col de Raous, dans la vallée de la Vésubie. Ce détachement a pour mission de dégager la droite piémontaise et de menacer les communications des Français sur Nice.

Profitant d'un violent orage qui éclate dans la nuit du 17 au 18 novembre, les Piémontais prennent l'offensive à leur tour. Nos avant-postes sont refoulés et quelques volontaires du 2ᵉ bataillon de l'Isère sont faits prisonniers.

---

(1) Baron Raverat. — Notice historique sur la vie militaire du baron Raverat.

Ces malheureux, dépouillés d'une partie de leurs vêtements. sont conduits à Saorge par les Barbets. Le commandant de la place leur fait rendre leurs vêtements et donne des ordres pour que les prisonniers soient traités avec plus d'humanité.

Attaqué de front et menacé sur son flanc gauche, le général Brunet se replie sur le col de Braus où il rallie ses avant-postes. Puis, il continue sa retraite jusqu'à l'Escarène.

La 4e compagnie du 2e bataillon de l'Isère, détachée à Castellar, s'était portée sur les emplacements qui pouvaient protéger la retraite de la brigade. Elle les occupe jusqu'au moment où les Piémontais, maîtres de Castillon, gagnent les hauteurs dominant St-Agnès et Menton. Cette compagnie rétrograde alors sur Menton, puis, de là, se dirige sur Monaco.

Prévenu de cette attaque, le général d'Anselme part de Nice le 18 novembre avec 12 compagnies de grenadiers et rejoint le général Brunet. Il laisse 2.000 hommes pour faire face au détachement ennemi qui, venu par la vallée de la Vésubie, s'est avancé jusqu'à Luceram et Berre. Puis, avec le reste de ses forces, il marche sur le col de Braus. Le poste ennemi qui occupe ce col est repoussé

et les Français rentrent à Sospel. Les Piémontais se retirent sur le col de Pérus et s'y
installent fortement.

Laissant le général Brunet à Sospel avec
3.000 hommes, le général d'Anselme revient à
l'Escarène pour dégager sa gauche. Il attaque
Berre et Luceram et oblige l'ennemi à se
replier.

Mais les difficultés de ravitaillement et les
rigueurs de l'hiver obligent le général Brunet
à abandonner encore Sospel et à ramener ses
troupes à l'Escarène. Le 2ᵉ bataillon de l'Isère
est envoyé à Nice où il tient garnison jusqu'au
31 janvier suivant.

Au 15 décembre 1792, la division du Var
qui, par décret du 7 novembre précédent,
était devenue indépendante sous le nom
d'*Armée d'Italie*, comprenait 40 bataillons à
500 hommes environ, soit 20.000 hommes.
Mais, en raison du manque de discipline et du
défaut d'instruction de la plupart des bataillons de volontaires, on ne pouvait guère
compter que sur la moitié de cet effectif.

Sur les vingt bataillons de volontaires qui
faisaient partie de l'armée d'Italie, *quatre
seulement* pouvaient être employés utilement.
Le 2ᵉ bataillon de l'Isère, qui s'était fait

remarquer dans ses premières opérations par son endurance et son excellent esprit, était du nombre de ces derniers. Après lui venaient le 2e bataillon du Var, le 1er de la Haute-Garonne et le 4e de la Drôme.

Le général d'Anselme, accusé de lenteur et d'impéritie, est appelé à Paris pour rendre compte de sa conduite. Il est remplacé par le général Biron.

En attendant l'arrivée de ce dernier, le général Brunet concentre l'armée d'Italie à Nice et à Villefranche et la couvre par une chaine de postes allant de Monaco à Tourrette en passant par la Turbie, Peille et Contes.

En avant de cette ligne de défense, deux forts détachements surveillent les deux principaux débouchés sur Nice. Celui de la route du col de Tende est tenu à l'Escarène par le général Dagobert avec 4 bataillons. Celui de la vallée de la Vésubie est gardé à Levens par 3 bataillons sous le commandement du colonel Dumerbion.

Le commandant provisoire de l'armée d'Italie exige des habitudes d'ordre et de régularité de la part de toutes les troupes. Les bataillons de volontaires sont astreints à des exercices journaliers. La bonne tenue, la rentrée aux heures prescrites sont exigées. Des mesures sévères sont prises pour éviter les rixes et les duels entre les soldats de l'armée de ligne et les volontaires. Enfin, pour aguerrir tous les corps et pour les accoutumer au service en campagne, les détachements de l'Escarène et de Levens ainsi que les divers postes, que l'ennemi tient constamment en alerte, sont fréquemment relevés.

Malgré l'empressement des populations pour s'enrôler et l'arrivée à Nice des nouveaux volontaires, le 2ᵉ bataillon de l'Isère ne put pas atteindre l'effectif de 800 hommes. Un grand nombre de volontaires enrôlés en 1791 voulurent user, au 1ᵉʳ décembre, de la prérogative que la loi leur accordait de se retirer au bout d'un an. Le 9 décembre, il manquait 321 hommes.

Désolé de cette situation, le lieutenant-colonel Bizanet adresse aux municipalités et aux sociétés populaires du district de la Tour-du-Pin une lettre-circulaire vouant au mépris de leurs concitoyens les volontaires qui, sourds au cri de la Patrie, abandonnent leur drapeau avant d'avoir achevé la glorieuse entreprise pour laquelle ils se sont enrôlés. « Venez, nos « frères ; venez, nos amis, écrivait-il, venez « prendre la place de ceux qui abandonnent la

« plus belle des causes. Puisque vos fils en
« sont indignes, venez, pères de famille, vous
« qui avez senti l'horreur de la servitude,
« venez seconder nos forces pour conserver la
« liberté à vos petits-enfants ». (1)

Ce n'était pas seulement au 2ᵉ bataillon de
l'Isère que se produisaient ces désertions. A la
fin de l'année 1792, l'effectif des diverses armées de la France fondit en quelques semaines.
Les routes qui mènent des frontières à l'intérieur étaient pleines de volontaires, officiers
et soldats, qui regagnaient leurs foyers.

A l'armée d'Italie, il manquait 8000 hommes
et le général Brunet écrivait le 15 janvier 1793
au Ministre de la Guerre : « Si l'ennemi se
« portait en force sur moi, il me serait impos-
« sible de garder la contrée. Les bataillons de
« volontaires fondent de jour en jour ; il en est
« peu qui soient au-dessus de 300 hommes.
« Si cela continue, je n'aurai plus qu'un fan-
« tôme d'armée ».

C'est en vain que la Convention nationale
publia une adresse pour retenir ceux qui aban-
donnaient l'armée. « La loi vous permet de
« vous retirer, proclamait-elle, le cri de la
« Patrie vous le défend. » Vaine aussi fut la
mesure qui permit aux volontaires de se marier

____

(1) Pièce justificative n° 5.

et qui n'amena que désordre et encombrement
en légitimant la présence des femmes qui suivaient l'armée. On décréta encore que les
volontaires ne pourraient s'absenter que pour
des raisons majeures. Des secours furent attri-
bués aux femmes et aux enfants des défenseurs
de la Patrie. Mais ce ne fut que le décret d'août
1793, punissant de mort tout citoyen quittant
les drapeaux sans congé régulier, qui arrêta le
départ des volontaires à la fin du temps de
service consenti. D'ailleurs, à cette date, la loi
prescrivant la levée en masse n'aurait pas
permis aux déserteurs de rester dans leurs
foyers.

Ce revirement dans l'esprit des volontaires,
si enthousiastes quelques mois auparavant,
émut profondément les populations de l'Isère.
Dans certaines localités, on voulut arrêter les
déserteurs. Mais le Directoire du département
prescrivit, le 18 février 1793, les mesures gé-
nérales à prendre pour faire rejoindre ceux
qui avaient quitté leurs bataillons.

Attribuant leur départ à « l'ignorance des
« décrets de la Convention et aussi au ralen-
« tissement des opérations militaires pendant
« l'hiver, ce qui avait pu faire croire aux vo-
« lontaires que l'ennemi, vaincu, n'oserait
« plus reparaître et que le terme de leurs

« travaux était arrivé ». le Directoire ordonna aux municipalités de faire appeler les déserteurs devant elles pour leur communiquer les décrets de la Convention, leur faire connaître les nouveaux dangers que courait la Patrie et faire ressortir la glorieuse carrière que, par suite, ils avaient encore à parcourir. (1)

Ces diverses mesures firent rejoindre la plupart des déserteurs. Le 15 mars 1793, l'effectif du 2e bataillon de l'Isère atteignait 715 hommes.

____

(1) Adresse du 18 février 1793 aux Conseils généraux des communes. (Archives départementales).

V

Campagne de 1793

Acquiesçant au vœu des habitants de Nice, la Convention décréta le 4 février 1793 la réunion du comté de Nice à la France. Il devenait donc indispensable d'occuper réellement le pays en rejetant les troupes austro-sardes au-delà du col de Tende.

La seule route carrossable qui va de Nice à Coni par le col de Tende, franchit, en lacets, au pied d'escarpements rocheux, les contreforts qui descendent du massif de l'Authion. C'est ainsi que l'on trouve le col de Braus, entre les torrents du Paillon et de la Bévera et les cols de Pérus et de Brouis, entre la Bévera et la Roya.

Cette route passe ensuite dans le profond défilé de Saorge et remonte le ravin étroit et encaissé de la Roya. La place de Saorge était une position très forte s'appuyant, à l'ouest, au massif de l'Authion et, à l'est, à la cime de Marta.

L'ensemble du massif de l'Authion et de ses contreforts s'étale, au nord de la route, entre les vallées de la Vésubie et de la Roya. C'est une région escarpée et d'un parcours difficile. La seule bonne voie de communication qui existât, en 1792, était le sentier muletier du col de Raous qui, de la haute Roya, aboutissait à Roquebillère dans la Vésubie. Le centre de cette région est marqué par le cirque du Moulinet, creusé par le ravin profond et souvent inaccessible de la Haute-Bévera.

La possession du massif de l'Authion était donc d'une grande importance pour l'armée austro-sarde puisque, de cette position, elle pouvait agir sur les deux seules voies de communication qui, de Nice, aboutissaient au col de Tende.

On ne trouve dans cette région montagneuse et aride aucune des ressources indispensables aux armées, telles que céréales, fourrages, bétail, etc...

Dès le 11 février 1793, le général de Saint-André avait fait occuper Sospel par une partie du corps autrichien mis à sa disposition. Cette occupation, qui mettait le col de Braus sous la main des austro-sardes, rendait dangereuse la situation du détachement de l'Escarène.

Le général Biron se décida à prendre immédiatement l'offensive et confia la direction de l'opération au général Brunet. Le détachement de l'Escarène, renforcé, franchit le col de Braus le 14 février et, après un combat opiniâtre, chassa l'ennemi de Sospel.

Mais, comme les Piémontais occupaient Puget-Théniers et Utelle ainsi que les passages conduisant vers les hauteurs de l'Authion, le poste de Sospel n'était pas en sûreté. Il fallait, avant tout, se donner de l'air vers la gauche en refoulant les détachements ennemis qui étaient dans les vallées du Var et de la Vésubie.

Cette opération commence le 28 février sur trois points différents.

A gauche, le général Rossi, partant d'Entrevaux, repousse les troupes piémontaises jusqu'aux sources du Var.

Au centre, le colonel Dumerbion, avec le détachement de Levens, marche sur Utelle et s'en empare.

L'attaque de droite, qui doit être faite par les troupes de la brigade du général Dagobert, est la plus importante. Elle doit se diriger sur Lantosque, dans la haute Vésubie. Son but est de couper les communications du détachement ennemi d'Utelle et d'enlever ses convois.

Le général Brunet dirige lui-même cette attaque.

Le 2e bataillon de l'Isère avait quitté Nice le 1er février pour rejoindre la brigade du général Dagobert. Il se trouve le 28 février de grand matin près de Luceram au point de rassemblement indiqué aux troupes chargées de l'attaque de droite.

Mais ce n'est plus le lieutenant-colonel Bizanet qui commande le bataillon. Les qualités militaires dont il a fait preuve depuis le commencement de la campagne lui ont valu la confiance du général commandant l'armée d'Italie et il est nommé commandant de la place de Monaco. Il est remplacé par le capitaine de Bruno que le suffrage de ses concitoyens a désigné. Ce choix qui porte sur un officier remarquable « par ses connaissances militaires et la loyauté de son caractère » fait ressortir encore une fois la volonté bien arrêtée des dauphinois de ne donner le commandement qu'aux plus dignes. Le capitaine de Bruno est nommé commandant du 2e bataillon de l'Isère le 27 mars 1793. Il sera appelé deux ans plus tard au commandement d'une demi-brigade.

Le général Brunet livre un premier combat pour s'emparer du poste retranché du col Nègre, puis, avec le gros de ses forces et l'artillerie, il franchit le col de la Porte et s'engage dans le vallon de l'Infernet. Il est arrêté à la chapelle St-Arnould par des forces supérieures qui occupent la rive droite de la Vésubie.

Pendant ce temps, le général Dagobert, avec un bataillon du 50ᵉ de ligne et le 2ᵉ bataillon de l'Isère, poursuit les défenseurs du col Nègre jusqu'à la baisse de Peiracave malgré l'épaisse couche de neige qui couvre le sol. Il descend ensuite dans le vallon de St-Colomban. Mais le sentier conduisant dans la Vésubie est défendu énergiquement et les Barbets, postés sur les hauteurs, font rouler pierres et rochers. Le détachement revient dans le village de St-Colomban et y bivouaque.

Le lendemain, 1ᵉʳ mars, les Français franchissent la Vésubie. Pendant qu'une partie des troupes se porte sur Cerisière, le 2ᵉ bataillon de l'Isère attaque la position de Pical ou colline de St-Georges.

Se défilant derrière les sapins ou cheminant dans le lit d'un ravin, les volontaires arrivent au pied de la redoute qui couronne la position. Mais, dès qu'ils quittent leurs abris pour gravir la pente, ils sont reçus par un feu terrible.

Malgré leurs pertes, ils avancent toujours et vont atteindre le sommet, lorsque une vigoureuse contre-attaque de l'ennemi renforcé brise leur élan et les oblige à battre en retraite. La plupart des volontaires recevaient le baptême du feu.

Le commandant de Bruno ne veut pas rester sur cet échec. Il relève le courage de ses soldats et les persuade qu'un nouvel effort doit leur assurer le succès. A son signal tous repartent à l'assaut; mais une décharge meurtrière jette encore une fois le désordre dans leurs rangs. Les officiers ne peuvent retenir ceux qui cherchent leur salut dans la fuite. Toutefois, les plus courageux se rallient à la voix de leurs chefs et, d'un dernier élan, pénètrent dans la redoute et tuent tous ceux qui cherchent à résister. Entraînés par leur ardeur, ils s'acharnent à la poursuite de l'ennemi en fuite. (1)

Débusqués de toutes parts, les Piémontais remontent la vallée pour défendre les débouchés du col de Raous. Ils occupent fortement le Belvédère et les hauteurs qui avoisinent Roquebillère.

-----

(1) Baron Raverat. — Notice historique sur la vie militaire du baron Raverat.

René RAVERAT,

Né à Crémieu (Isère) le 23 Janvier 1776. S'engage en Mai 1792 comme volontaire national dans la 6ᵉ Compagnie du 2ᵉ Bataillon de l'Isère.

Est fait baron de l'Empire par l'Empereur Napoléon Iᵉʳ, pendant la campagne de 1809 — Voir sa notice biographiaue, page 169.

Le 2 mars, le détachement français continue sa marche en avant. Les chemins, déjà en mauvais état, sont coupés à divers endroits. Malgré ces difficultés, nos soldats escaladent rapidement les positions occupées par les Piémontais. Ces derniers n'ont que le temps de se replier précipitamment vers le col de Raous. Ils abandonnent leur artillerie et laissent de nombreux prisonniers.

Nos troupes, harassées par trois journées de marche et de combat, ne peuvent poursuivre l'ennemi dans les gorges du massif de l'Authion encombrées de neige. Mais le but poursuivi est atteint ; l'évacuation par les Piémontais des vallées du Var et de la Vésubie dégage les abords de Nice.

Le général Biron écrivait le 4 mars au Ministre de la Guerre : « Vous ne pouvez « vous figurer la miraculeuse valeur des « troupes sous les ordres du général Brunet « dans les affaires continuelles et successives « des 28 février, 1er et 2 mars ». Et il demandait pour elles, comme gratification....., une paire de souliers ! (1)

N'est-ce pas le plus bel éloge qu'on puisse faire du courage et du désintéressement des

____

(1) Archives historiques du Ministère de la Guerre, correspondance de l'armée d'Italie.

hardis volontaires de la Tour-du Pin et des bataillons qui prirent part à cette brillante expédition.

Quelques jours après, un détachement envoyé au village du Moulinet pour relier les postes de la haute Vésubie à ceux du col de Braus, est repoussé et perd quelques hommes. Voulant réparer cet échec et tenant beaucoup à l'occupation de ce village, le général Brunet rassemble douze compagnies. Il ne veut que des troupes d'élite pour l'opération qu'il projette et choisit les meilleures compagnies de divers bataillons et les chasseurs corses. Il en forme deux colonnes et prend le commandement de celle de gauche dont fait partie la compagnie de grenadiers du 2e bataillon de l'Isère. Ces deux colonnes partent le 12 mars.

Celle de gauche atteint Peiracave, puis se dirige, vers l'est, sur un plateau élevé où les Piémontais ont établi un camp. Nos soldats sont dans la neige jusqu'aux genoux. Un brouillard épais ne leur permet d'apercevoir l'ennemi rangé en bataille que lorsqu'ils arrivent à douze pas de lui. Le combat s'engage aussitôt et devient des plus vifs. Les Piémontais ont l'avantage de la position et s'y maintiennent. Mais le général Brunet donne l'ordre d'attaquer à la baïonnette ; l'ennemi se replie sur le Moulinet. Malheureusement la nuit et le brouillard, plus épais encore, ne permettent plus de trouver le sentier qui conduit dans le village. Les deux partis bivouaquent dans la neige à 400 mètres l'un de l'autre.

La colonne de droite a pour objectif les hauteurs qui dominent le Moulinet au sud. Mais les sentiers sont si mauvais qu'elle ne peut arriver que le 13 à 8 heures du matin au point indiqué. Elle s'empare de quelques granges et, malgré l'opiniâtre résistance des Piémontais, pénètre dans le village.

La colonne de gauche reprend l'offensive en même temps et veut aussi entrer dans le Moulinet. Mais les habitants défendent leur village avec acharnement. De chaque porte, de chaque fenêtre, de tous côtés partent des coups de feu ; les femmes elles-mêmes jettent des pierres. La situation est intenable et le général Brunet se décide prudemment à la retraite. Il revient en une seule colonne par la crête de Peiracave. Cette expédition nous coûte 10 tués et 25 blessés, dont 3 officiers (1).

Cet insuccès et une abondante chûte de

____

(1) Archives historiques du Ministère de la Guerre et lettre du lieutenant Douillet — Ed. Maignien. Notice biographique sur le général Bizanet.

neige suspendent les opérations. Les volontaires, durement éprouvés par de fatigantes marches dans la neige ont besoin de se remettre. Le 2ᵉ bataillon de l'Isère retourne à Nice.

Le lieutenant-colonel Bizanet n'avait pas quitté son bataillon sans regret. Aussi fit-il des démarches pressantes pour le faire venir à Monaco. Cette faveur lui fut accordée et le 2 avril 1793, le 2ᵉ bataillon de l'Isère vint tenir garnison dans cette ville, à la grande joie de tous les officiers et soldats, heureux de se retrouver près de leur ancien commandant. Toutefois, les 2ᵉ et 3ᵉ compagnies commandées par les capitaines Bin et de Rosière, furent détachées à Menton. La compagnie de grenadiers fut envoyée à St-Laurent pour se joindre à d'autres compagnies d'élite.

Avant de reprendre les opérations, il était indispensable de réorganiser les troupes de l'armée d'Italie et de leur procurer des effets d'habillement et surtout du linge et des chaussures. Il fallait aussi réunir les moyens de transport nécessaires au ravitaillement, particulièrement difficile dans un pays montagneux et hostile.

Les effectifs diminuaient chaque jour. Le 2ᵉ bataillon de l'Isère comptait 715 hommes au mois de mars 1793. Il était des mieux partagés, car la plupart des bataillons n'avaient que 450 à 500 hommes. La réquisition de février 1793 avait bien fait espérer qu'on pourrait atteindre le chiffre de 800 et même de 900 hommes par bataillon. Mais cette réquisition se faisait difficilement. Les recrues n'arrivaient que lentement, la plupart sans équipement et sans armes ; elles compensaient à peine les pertes provenant de la désertion.

Afin d'être en état de parer aux éventualités, le général Biron prit le parti de réunir en bataillons les compagnies de grenadiers et de chasseurs. Ces unités devaient être maintenues constamment au complet par leurs corps d'origine. L'armée d'Italie put donc disposer de troupes d'élite pour les affaires sérieuses et pour former les têtes de colonnes, seules engagées le plus souvent dans les massifs montagneux. Nous avons vu le général Brunet employer ce moyen pour former le détachement qu'il conduisit à l'attaque du Moulinet.

La solde n'était payée qu'en assignats. Ces billets n'étaient acceptés que pour la moitié de leur valeur sur le littoral. Ils n'avaient même pas cours dans la montagne. Aussi les soldats, et même les officiers, avaient-ils le plus souvent recours à la maraude pour pourvoir à leur subsistance.

Il n'existait pas de magasin d'habillement et d'équipement. Les commissaires de la Convention utilisaient bien toutes les ressources locales et employaient même la réquisition. Mais ces moyens étaient insuffisants. Les volontaires de la Tour-du-Pin avaient un grand besoin de remplacer leurs effets d'habillement. Leur linge et surtout leurs chaussures étaient dans un état pitoyable. Le commandant de Bruno écrivit aux municipalités du district et aux administrateurs du département pour obtenir des secours et pour faire rejoindre les volontaires absents. Le capitaine de Rosière pria les autorités du canton de Bourgoin de lui faire parvenir les effets et l'argent souscrits pour les défenseurs de la Patrie, et c'est ainsi qu'il reçut 50 chemises, 50 paires de chaussures et divers objets. (1)

Cette situation oblige l'armée d'Italie à rester sur la défensive. Toutefois, au fur et à mesure que la fonte des neiges le permet, les troupes sont disposées sur deux lignes soutenues par des réserves cantonnées à Nice et à Villefranche.

------

(1) Pièce justificative n° 6.

En première ligne, le général Casabianca occupe St-Martin-Lantosque et Roquebillère, dans la Vésubie. Le colonel Masséna occupe Peiracave et surveille le Moulinet. Le général Dagobert, avec la masse principale, barre la route de Tende sur les hauteurs de Braus.

La deuxième ligne est installée à Lantosque, à l'Escarène et à Monaco où se trouve le 2e bataillon de l'Isère.

Pendant ce temps, l'armée austro-sarde reçoit des renforts. La division destinée à opérer dans le comté de Nice compte, en mai 1793, 26 bataillons, soit 17.000 hommes environ. Ces troupes sont sous le commandement du duc de Chablais ayant sous ses ordres les généraux Colli et de St-André. Elles forment deux masses principales campées à Fromagine et au col de Brouis, aux débouchés du sentier du col de Raous et de la route de Nice dans la vallée de la Roya.

Quoique les cimes soient encore couvertes de neige, les pentes ouest et sud du massif de l'Authion, qui forme bastion avancé entre les deux camps, sont occupées. Des postes sont établis aux cols de Raous et de St-Véran, au Moulinet, au Béolet et à la Cogoule.

Si les rigueurs d'un hiver tardif empêchent les opérations, les Barbets n'en tentent pas moins des coups de main fréquents sur les postes français établis dans la montagne.

Pour mettre fin à ces incessantes escarmouches qui font craindre pour les troupes de première ligne du général Dagobert, le général Biron fait occuper définitivement Sospel le 14 avril. Le col de Pérus est attaqué le 27 mai, mais infructueusement, et le général Dagobert se reporte sur la position de l'Agaissen qui couvre les cantonnements de Sospel.

De ce côté, l'armée française est installée solidement, mais son centre et sa gauche sont en butte à des attaques incessantes qui exténuent les troupes d'élite placées aux postes avancés. Pour les faire cesser et aussi pour assurer la liaison avec l'armée des Alpes par la vallée de Barcelonnette, le général Brunet, qui remplace le général Biron dans le commandement de l'armée d'Italie, décide une expédition dans la vallée de la Tinée. La prise d'Isola oblige les austro-sardes à abandonner cette vallée.

Ce résultat obtenu, l'armée d'Italie est solidement appuyée à droite et à gauche, mais elle ne peut progresser tant que les positions de l'Authion ne seront pas enlevées.

La cime de l'Authion est un cirque gazonné à 2.080 mètres d'altitude, bordé presque de tous côtés par des escarpements infranchissables. C'est une ramification de la chaîne des grandes Alpes et le nœud ou viennent se raccorder les crêtes qui encaissent les ravins profonds aboutissant dans les vallées de la Vésubie, de la Bévera et de la Roya.

C'est une forteresse naturelle presque inattaquable. Les Austro-Sardes la renforcent encore par des ouvrages de défense. Ce camp, dit des Mille-Fourches, n'était pas de création nouvelle. Le duc de Savoie l'avait utilisé en 1743, pendant la guerre de la Succession d'Autriche, et y avait élevé une ceinture d'ouvrages de campagne qui défendaient ses abords. Utilisant les travaux existant déjà, les Austro-Sardes projettent d'établir plusieurs lignes concentriques de redoutes et de retranchements croisant leurs feux sur les gorges boisées, étroites et rocheuses qui rayonnent autour de cette cime.

A la fin du mois de mai, une escadre anglo-espagnole menace les côtes de Provence.

Craignant que l'intervention de cette escadre ne le réduise bientôt à la plus stricte défensive, le nouveau général en chef se décide à attaquer les positions de l'Authion. Il importe aussi de ne pas laisser aux troupes ennemies le temps d'achever leurs travaux de défense.

Après entente avec les représentants du peuple, l'attaque est fixée au 8 juin. Elle doit se produire sur plusieurs points à la fois.

Le colonel Sérurier, partant de Belvédère, doit porter ses efforts sur le col de Raous.

Le général Dortoman est chargé d'attaquer directement la cime de l'Authion avec les troupes rassemblées à Peiracave.

Le lieutenant-colonel Gardanne, partant aussi de Peiracave, doit attaquer le village du Moulinet.

Ces trois colonnes de gauche doivent faire converger leurs efforts sur les positions de l'Authion et s'en emparer.

A droite, les généraux Miczkowski et Dumerbion doivent menacer le camp de Linièras et les positions des cols de Pérus et de Brouis. Leurs mouvements ne doivent être qu'une diversion pour maintenir les troupes austro-sardes de ce côté.

Le général Dortoman arrive bien aux pieds des retranchements de l'Authion, mais ne peut s'en emparer. L'attaque du colonel Sérurier échoue et ses troupes sont obligées de rétrograder jusqu'à leur point de départ. Le lieutenant-colonel Gardanne s'empare du Moulinet, mais ne va pas au-delà.

Par contre, l'attaque des colonnes de droite réussit et, de secondaire qu'elle devait être, devient la principale.

Le général Mieskowski s'empare des redoutes de la cime de Linièras et, habilement secondé par le chef de brigade Masséna, poursuit ses succès jusque sur le Mangiabo où il s'installe. Les grenadiers du 2e bataillon de l'Isère *« font l'admiration de leurs frères d'armes »*, et méritent les éloges du général Mieskowski. Tous les officiers de la compagnie sont hors de combat : le capitaine Boissier est blessé par un rocher, le lieutenant Douillet est atteint au bras par un coup de mitraille et le sous-lieutenant Derio est grièvement blessé dans les retranchements ennemis.

Le Général Dumerbion se porte en deux colonnes à l'attaque du col de Pérus. La colonne de droite, où se trouve le 2e bataillon de l'Isère, atteint rapidement le mamelon de Pérus. Mais comme l'autre colonne, qui suit les lacets de la route, n'est pas arrivée à sa hauteur, elle est obligée de se replier jusqu'au moment où les deux troupes peuvent se prêter un mutuel appui. Reprenant vigoureusement l'offensive, les Français mettent les Austro-Sardes dans le plus grand désordre.

Le 2ᵉ bataillon de l'Isère, lancé le premier à l'attaque, enlève brillamment, sous le feu de l'artillerie ennemie, les formidables retranchements qui barrent l'entrée du col.

Les Austro-Sardes se retirent sur le col de Brouis. Mais se sentant menacés par les Républicains qui occupent le Mangiabo, ils se décident le lendemain à reporter leur ligne de défense à Saorge. Cette position, qui prend un nouvel appui sur la cime de Marta, est plus forte et plus facile à défendre que la précédente. Son occupation leur permet de renforcer les troupes qui défendent l'Authion.

Les Français s'installent le 10 juin au col de Brouis. Le même jour, les volontaires de la Tour-du-Pin avec deux autres bataillons, sous le commandement du général de brigade Hilaire, sont chargés de s'emparer de Breil. Les Piémontais, postés sur les rives de la Roya et derrière divers retranchements, arrêtent longtemps les assaillants par un feu très vif.

Mais quelques volontaires pénètrent dans la ville par un égoût et jettent le désordre parmi les défenseurs qui se retirent précipitamment par le Mont-Jove. Le commandant de Bruno, blessé grièvement à la jambe en entrant dans Breil, passe provisoirement le commandement du bataillon au capitaine de Rosière.

En rendant compte à la Convention de l'occupation du col de Brouis, le général Brunet écrit : « Les officiers et les soldats se « sont conduits avec l'énergie et le courage « qui animent le vrai républicain et quels « qu'aient été les obstacles que présentaient « les moyens de force combinés avec l'avan-« tage des positions, rien n'a résisté à leur « valeur et à leur intrépidité. Nous avons pris « beaucoup d'effets de campement; les soldats « vont en faire des pantalons. Nous sommes « véritablement des *sans-culottes* de nom et « d'effet, mais cela ne nuit ni au patriotisme « ni au courage de nos frères d'armes ».

Quelques jours après, il écrit encore au Ministre de la Guerre : « Le général Dumer-« bion fait le plus grand éloge des troupes. « *Le 2e bataillon de l'Isère s'est particulièrement* « *distingué.....* Il y a eu des actions de valeur « et de patriotisme, tant de la part des offi-« ciers que de celle des soldats, qui seraient

« dignes de l'ancienne Rome et dont je me
« réserve de donner les détails particuliers.
« J'éprouve une véritable satisfaction de rendre
« aux bataillons de volontaires la justice qui
« leur est due. Ils se sont montrés, à toutes
« les attaques, avec une bravoure et une
« intrépidité qui les rendent les dignes émules
« des anciens régiments de ligne avec lesquels
« ils ont combattu. »

Si le 2e bataillon de l'Isère s'est fait remarquer par sa bravoure et a bien mérité de la
Patrie dans les combats des 8 et 10 juin, il a
subi, par contre, de grandes pertes. Onze
officiers et quatre-vingts sous-officiers ou
soldats ont été tués ou blessés. Le capitaine
Reverdy et le lieutenant Salle ont été mortellement frappés sur le champ de bataille, le
capitaine Baudrand et le sous-lieutenant Derio
meurent des suites de leurs blessures. Le
commandant de Bruno, les capitaines Bin et
Boissier, les lieutenants Perrin, Charvet et
deux autres sont grièvement blessés. « Mais
« la plus grande douleur éprouvée par ces
« derniers est d'être obligés de quitter pour
« quelque temps les rangs de leur glorieux
« bataillon. »

Les pertes de l'ennemi sont considérables
aussi en tués, blessés et prisonniers. Il aban-

donne en outre deux pièces de canon et quan-
tité d'effets de campement. (1)

Malgré leurs succès sur la route du col de
Tende, les Français ne peuvent avancer de ce
côté tant que les défenseurs de l'Authion
n'auront pas été chassés de leurs positions.
Le général Brunet tente un deuxième effort le
12 juin. Mais la position est trop forte et il
tombe une pluie glaciale sur les sommets. Nos
troupes sont repoussées et subissent de grandes
pertes : 280 morts, dont 23 officiers, et 1.250
blessés. Ces pertes sont d'autant plus sensibles
que ce sont les soldats les meilleurs et les plus
braves qui ont été mis hors de combat.

Quelques bataillons de nouvelle levée, quoique placés en seconde ligne, sont pris de
panique. Ces soldats improvisés jettent leurs
armes en criant : « à la trahison » et se sau-
vent jusqu'à l'Escarène. Heureusement, une
réserve de 400 hommes suffit pour arrêter la
poursuite de l'ennemi.

Le général Kellermann, investi du commandement supérieur des armées des Alpes et

***

(1) Archives historiques du Ministère de la Guerre, correspondance de l'armée d'Italie. — Courrier patriotique de
l'Isère, n° du 29 juin 1793, et lettre du quartier-maître-
trésorier Bouquin. — Ed. Maignien. Notice biographique sur
le général Bizanet.

d'Italie, arrive à Nice le 17 juin. Après examen de la situation avec le général Brunet et les représentants du peuple, il estime qu'on ne peut tenter des actions de vigueur avec une armée composée en grandes partie de jeunes troupes. Il décide que l'armée d'Italie restera sur la défensive en gardant les positions conquises. Mais cette défensive devra être suffisamment active pour aguerrir les jeunes soldats.

Les derniers jours du mois de juin et le mois de juillet sont employés à mettre à exécution les dispositions arrêtées. La première ligne des Français forme deux masses.

La masse de gauche, commandée par le général Sérurier s'accroche aux flancs ouest du massif de l'Authion. Elle occupe le Moulinet, le camp de la Fougasse et le Belvédère.

Le général Dumerbion, avec la masse de droite, se retranche à Castillon, au col de Brouis et au Béolet. Il fait face au défilé de la Roya et a un détachement à Breil formant avant-garde. Le gros du 2e bataillon de l'Isère cantonne à Sospel et fournit des avant-postes dans la montagne entre la Bévèra et la Roya. Sa compagnie de grenadiers, qui fait partie du

2e bataillon de grenadiers réunis, occupe le camp de Béolet.

Pour masquer l'opération qu'il est obligé de faire encore une fois dans la haute Tinée pour dégager sa ligne de communications avec l'armée des Alpes, le général Brunet fait attaquer une troisième fois les hauteurs de l'Authion, les 29 et 30 juillet, par la masse de gauche. Un brouillard épais gêne assaillants et défenseurs et les divers engagements ne donnent lieu qu'à une fusillade sans résultats.

Pendant que ces précautions sont prises du côté des Français, les Austro-Sardes se retranchent fortement sur leur nouvelle ligne de défense. Cette ligne, qui constitue leur dernier réduit dans le comté de Nice, décrit un vaste demi-cercle autour du bassin de Tende. Elle s'appuie aux cimes considérées comme inaccessibles de Raous et de Marta et se compose de postes excellents que leur liaison rend plus forts encore. Les principaux sont le camp retranché de l'Authion, le château de Saorge et la redoute de Marta. La cime de Marta touche au col Ardente; c'est une des têtes du contrefort qui forme le versant est de la vallée de la Roya et son revers opposé domine les sources du Tanaro. (1)

De graves évènements politiques viennent compliquer la situation de l'armée d'Italie immobilisée devant la ligne de défense des Austro-Sardes. Les villes de Marseille et de Toulon se révoltent contre la Convention et le mouvement insurrectionnel gagne les départements du Midi. La flotte anglo-espagnole, qui croise sur nos côtes de la Méditerranée, favorise ce mouvement. Il faut prélever 3.000 hommes pour garder le littoral et pour renforcer l'armée révolutionnaire appelée à marcher contre les villes révoltées. C'est un dauphinois, le général Lapoype, qui doit commander cette nouvelle armée.

Des dissentiments s'élèvent entre les représentants du peuple et le général Brunet. Ce dernier est suspendu et arrêté. Il est remplacé par le général Dumerbion.

Le manque d'argent, de munitions, d'effets d'habillement et d'équipement et, par suite, l'impossibilité de ravitailler les troupes aggravent encore la situation. Les alliés ne vont pas tarder à en profiter.

____

(1) La cime de Raous, au nord du col du même nom, est à 2 157 mètres d'altitude, l'Authion est à 2.080 mètres, Saorge à 558 mètres et la cime de Marta à 2.137 mètres.

Le 27 août, la flotte anglo-espagnole débarque et occupe les forts de Toulon. Le roi de Sardaigne vient à Turin pour exciter, par sa présence, l'ardeur de ses troupes. Il ordonne une attaque générale pour le 7 Septembre, jour anniversaire de la bataille de Turin perdue par les Français en 1706.

Le plan des Austro-Sardes consiste à ne faire que de fausses attaques du côté de la Roya pour y fixer les Républicains et les empêcher d'envoyer des secours ailleurs. Par contre, une offensive vigoureuse par les vallées de la Vésubie, de la Tinée et du Var menacera leur ligne de retraite. Cette menace et l'occupation de Toulon par les Anglais obligeront l'armée d'Italie à évacuer le comté de Nice.

Au jour dit, 7 à 800 Piémontais refoulent les grand'gardes françaises de la Cogoule, hauteur entre le col de Brouis et le village de Breil, et arrivent à 50 pas des retranchements établis sur ce point. Mais une colonne de 400 Républicains, venue du col de Brouis, débouche à l'improviste. Les Piémontais, surpris, se replient précipitamment et repassent la Roya en laissant nombreux des leurs, tués, blessés ou prisonniers.

Le lendemain, l'attaque est renouvelée sur tous les points occupés par la droite des Français. Les avant-postes sont d'abord refoulés, mais les renforts accourus du Mangiabo, du Béolet et du col de Brouis font subir de cruelles pertes aux assaillants et les obligent à se replier dans le plus grand désordre. (1)

L'armée française conserve donc toutes ses positions à droite. Il en est de même au centre, au Moulinet. Mais à la gauche, tous les postes sont refoulés jusqu'à Levens et Utelle. Heureusement, les difficultés du ravitaillement ralentissent le mouvement offensif des Austro-Sardes. Les renforts autrichiens annoncés n'arrivent pas et l'ennemi ne peut pousser à fond ses premiers succès. Après deux échecs devant le village de Gilette (1er et 18 octobre), il est obligé de battre en retraite devant les habiles dispositions et l'activité du général Dugommier.

Les Républicains se mettent à la poursuite des Austro-Sardes et leur font évacuer les différents postes dont ils s'étaient emparés dans les vallées du Var, de la Tinée et de la Vésubie. Tel est le dénuement de nos soldats qu'on ne peut les empêcher de se faire des vêtements avec les toiles de tente prises à l'ennemi !

____

(1) Ed. Maignien. — Notice biographique sur le général Bizanet, lettre du capitaine Duvivier.

Pendant que cette poursuite, à laquelle prend part la compagnie de grenadiers du 2e bataillon de l'Isère, s'effectue dans les vallées à l'ouest de l'Authion, les Austro-Sardes attaquent, à plusieurs reprises, mais sans succès, nos avant-postes de la Roya. Le 29 novembre, le bataillon de la Tour-du-Pin se maintient brillamment au Pigeonnier et à Breil.

Obligé d'envoyer de nouveaux renforts à l'armée de siège de Toulon et de surveiller les colonnes piémontaises qui sont signalées du côté d'Oneille, le général Dumerbion ne peut que se maintenir sur ses positions. Une division de droite, sous le général Macquard, occupe Castillon, le col de Brouis et le Béolet. Une division du centre, commandée par le général Bizanet, l'ancien lieutenant-colonel du 2e bataillon de l'Isère, est installée au Moulinet et à Peiracave avec un détachement dans l'important camp de la Fougasse. Une division de gauche, sous le général Masséna, occupe Utelle et à divers avant-postes dans la Vésubie. Enfin, le reste de l'armée d'Italie est échelonné dans les vallées de la Tinée et du Var et se relie à l'armée des Alpes par la vallée de Barcelonnette.

De son côté, l'armée ennemie, ne laissant que 14 bataillons dans le comté de Nice pour garder sa ligne de défense, prend ses quartiers d'hiver dans les plaines du Piémont.

Les compagnies du 2e bataillon de l'Isère reprennent les emplacements qu'elles occupaient à Breil, au col de Brouis, au Béolet et aux environs de Sospel. Nos soldats sont harassés de fatigue. Il fait une telle tempête de neige les 22 et 23 décembre que le général Bizanet est obligé de faire évacuer le camp de la Fougasse et que la compagnie de grenadiers du 2e bataillon de l'Isère abandonne le camp de Béolet. (1)

Notre armée était à ce moment dans une situation déplorable. Le représentant du peuple, Robespierre le jeune, écrivait au Comité du Salut Public : « L'armée d'Italie « vit au jour la journée. Ses magasins ne sont « pas fournis. Le défenseur de la Liberté y est « presque nu... Il est de toute nécessité que « vous nous accordiez des secours de tous « genres : habits, chemises, bas, souliers, « chapeaux, subsistances. Nous sommes dans « une pénurie effroyable. »

____

(1) Archives de la Mairie de Bourgoin, lettre du sergent Goy.

La misère était d'autant plus grande qu'il fallait, non-seulement pourvoir aux besoins de l'armée d'Italie et de l'armée devant Toulon, mais encore assurer la subsistance des populations du Midi désolées par la famine.

Au bataillon de la Tour-du-Pin, les volontaires avaient rapiécé leurs habits avec des morceaux de drap de différentes couleurs. Leurs guêtres étaient maintenues par des ficelles. De misérables morceaux d'étoffe leur tenaient lieu de linge. Quelques-uns avaient remplacé leur chapeau perdu ou en loques par un vieux mouchoir enroulé autour de leur tête. La plupart étaient même dépourvus de souliers ; ils enveloppaient leurs pieds de tresses de paille, de vieux chiffons ou de morceaux de feutre.

Ne recevant pas de vivres et n'étant payés qu'en assignats, nos soldats étaient réduits à marauder pour subsister. Ils organisaient de véritables expéditions pour s'emparer des vivres des Barbets, toujours bien approvisionnés. Aussi, les habitants du pays les traitaient-ils de *guenillards* et d'*affamés*. (1)

Les envois faits par les municipalités du district de la Tour-du-Pin étaient insuffisants.

____

(1) Pièce justificative n° 7.

Il fut bien encore fait appel à la générosité des populations, mais les ressources diminuaient de plus en plus et les parents des volontaires réclamaient les secours que la loi leur accordait.

C'est ainsi que, souffrant du froid et de la faim et toujours tenus en alerte par des attaques incessantes, nos Brûleurs de loups passèrent le triste hiver de 1793 à 1794. Ils étaient comme assiégés au milieu des montagnes qui séparent la Bévera de la Roya. Mais, malgré ces rudes épreuves, leur courage ne faiblit pas. Les prises qu'ils firent sur les Barbets, tant redoutés au début de la campagne, les aguerrirent et entretinrent leur bonne humeur.

VI

L'amalgame
Campagne de 1794

En 1792 et 1793, l'infanterie française ne comprenait que des bataillons sans rattachement entre eux. Les moins nombreux, provenaient des anciens régiments de ligne ; les autres, des volontaires ou des réquisitionnaires.

Les bataillons de ligne, constitués avec des soldats de métier, étaient plus disciplinés et plus manœuvriers. Mais leurs effectifs diminuaient chaque jour, les enrôlements ne compensant pas les pertes. Les jeunes gens qui avaient du goût pour le métier des armes préféraient entrer dans les bataillons de volontaires où la discipline était moins rigoureuse, la solde plus élevée et les cadres soumis à l'élection.

Le nombre des bataillons de volontaires, fixé d'abord à 169, avait été plus que triplé. On en comptait 543 au 29 octobre 1793. Leur effectif devait être de 800 hommes, mais les créations nouvelles, les rigueurs de l'hiver, les campagnes et surtout le désir des volontaires de revoir leurs foyers, n'avaient pas permis d'atteindre ce chiffre. La plupart des bataillons comptaient moins de 500 hommes. Quelques-uns même n'avaient que leurs cadres.

Aux bataillons de volontaires se joignirent des corps similaires enfantés aussi par le mouvement révolutionnaire. Ils prenaient le nom de bataillons francs, de chasseurs, d'éclaireurs, de révolutionnaires, de sans-culottes, etc., etc. « Isolés entre eux, différents par leur organi-
« sation, inconnus même pendant longtemps,
« commandés parfois par des chefs ayant plus
« de zèle que de connaissances militaires, leur
« administration était si compliquée que ni le
« Ministre de la Guerre, ni les généraux ne
« pouvaient en suivre les détails. »

L'intérêt des finances et la bonne organisation de l'armée exigeaient donc la transformation de ces diverses unités en corps composés des mêmes éléments et ayant même organisation. « Il est temps qu'il n'y ait plus sous les
« drapeaux de la nation que des hommes
« égaux en droit. Il est temps de les consi-
« dérer tous comme des volontaires nationaux,
« de les réunir à leurs frères d'armes et de
« n'en faire qu'un seul et même faisceau contre

« les ennemis de la patrie. Cette opération ne
« tend qu'à resserrer les liens de la fraternité,
« donne des exemples d'instruction et de dis-
« cipline aux uns, de civisme pur et de dévoue-
« ment à la Patrie aux autres. » (1)

C'est ainsi que la Convention nationale fut
amenée à décréter l'amalgame, c'est-à-dire
l'union intime des deux éléments différents,
soldats de métier et volontaires, qui consti-
tuaient l'armée à ce moment. On réunit donc
un bataillon de ligne et deux bataillons de
volontaires pour former un seul et même corps
appelé demi-brigade de bataille. Les trois
bataillons de chaque demi-brigade eurent
même organisation, même régime, même
solde. Il n'y eut plus qu'un seul uniforme :
l'habit bleu des volontaires.

Acquérant bientôt la solidité et l'habileté
manœuvrière de l'armée de ligne et conser-
vant l'initiative et l'élan qui caractérisaient
les volontaires, les demi-brigades devinrent
de redoutables unités de combat. « Les Grecs
« ont vaincu par la phalange, les Romains par
« la légion, les Français vaincront par la demi-
« brigade », déclarait le conventionnel Jean-
Bon St-André.

____

(1) Rapport de Dubois-Crancé à la Convention.

Les opérations de l'amalgame commencèrent en septembre 1793 à l'armée d'Italie. A la date du 2 janvier 1794, le 2ᵉ bataillon de l'Isère entrait dans la composition de la 83ᵉ demi-brigade de bataille avec le 1ᵉʳ bataillon du 42ᵉ de ligne (ancien régiment de Limousin) et le 4ᵉ bataillon des volontaires de la Drôme.

Le 1ᵉʳ bataillon du 42ᵉ de ligne venait d'Ajaccio et se composait presque entièrement de Corses. Les volontaires de la Drôme avaient fait les campagnes du comté de Nice et étaient connus des volontaires dauphinois.

Un autre décret prescrivit l'encadrement c'est-à-dire la répartition des bataillons de la réquisition dans les demi-brigades. L'effectif de chacun des bataillons de la 83ᵉ demi-brigade s'éleva ainsi à 1.067 hommes. Mais les réquisitionnaires désertèrent en grand nombre.

Cette nouvelle organisation et la prise de Toulon qui rendait disponibles les renforts prélevés sur l'armée d'Italie, améliorèrent la situation. En février 1794, cette armée disposait de 30.000 hommes.

A cette date, le général piémontais Colli arrivait à Saorge et faisait élever de nouveaux travaux de défense. Au fur et à mesure que la température le permettait, les troupes qui avaient hiverné en Piémont occupaient les diverses positions.

Les volontaires dauphinois étaient encore dans les montagnes entre la Bévéra et la Roya lorsque deux généraux et deux représentants du peuple vinrent faire une reconnaissance sur le terrain confié à la garde de l'ancienne compagnie de grenadiers du 2ᵉ bataillon de l'Isère. Une escorte de quelques hommes, commandée par le caporal Raverat, originaire de Crémieu, fut chargée de les accompagner.

Arrivés sur une crête d'où la vue s'étendait sur l'ensemble de la vallée de la Roya et sur les têtes des vallées piémontaises, ces personnages déployèrent des cartes et suivirent les indications données par le plus jeune d'entre eux. C'était le général d'artillerie Bonaparte qui donnait au commandant de l'armée d'Italie, le général Dumerbion, et aux représentants du peuple, Ricord et Robespierre jeune, son avis sur les opérations à entreprendre pour faire tomber cette formidable position de l'Authion devant laquelle les Républicains s'épuisaient en vains efforts depuis deux ans. (1)

_____

(1) Pièce justificative nᵒ 7.

Il proposait de tourner la ligne de défense des Austro-Sardes en faisant passer une partie de l'armée par la principauté d'Oneille pour lui faire remonter les vallées du versant méditerranéen jusqu'aux sources du Tanaro d'où on commande le bassin de Tende.

Soumis au Comité de Salut Public, ce plan fut adopté. Le corps d'expédition, chargé de son exécution, se rassembla, le 5 avril, à Sospel et à Menton. Il fut placé sous les ordres du général Masséna.

La prise d'Oneille eut pour premiers résultats de couper les communications entre l'armée austro-sarde et la flotte anglo-espagnole et de permettre au cabotage d'apporter des subsistances. Puis, le corps d'expédition refoula vers le nord tous les détachements ennemis qui étaient devant lui et atteignit la haute vallée du Tanaro par le col de N[illegible]. Le général autrichien Argenteau, qui ac[illegible] avec un corps de secours, fut rejeté s[illegible] va.

Quoique le général Colli eût reçu des renforts importants dans le comté de Nice, la retraite du général Argenteau et le mouvement offensif de Masséna le mirent dans l'obligation de réunir tous ses moyens pour tenir les avenues qui, des hautes vallées du Tanaro, débouchent dans la Roya entre Saorge et Tende.

Le 25 avril, les troupes de Masséna restèrent maîtresses du camp de Marta et, le lendemain, chassèrent les Austro-Sardes des cols Tanarello et Ardente. Attaqué de tous côtés, l'ennemi s'enfuit jusqu'à Tende.

Pour donner le change à l'ennemi et pour faciliter le mouvement du corps d'expédition de Masséna, le général Dumerbion avait tenté, dès le 6 avril, diverses attaques contre les positions de l'Authion et de Saorge. Ces démonstrations n'ayant donné aucun résultat, il ordonna une attaque générale le 27 avril. Seules, les troupes qui combattaient dans la vallée de la Roya, obtinrent quelques succès ; mais le général Dumerbion, ne voulant pas se compromettre sans être sûr de l'entrée en ligne de Masséna, arrêta le mouvement en avant.

Cependant, les succès du corps d'expédition avaient obligé le général Colli à donner des ordres pour désarmer les ouvrages qui entouraient Saorge. Ces mesures de précaution attirèrent l'attention de nos soldats dans la nuit du 27 au 28 avril. Ils reprirent l'offensive et s'emparèrent de Saorge que son gouverneur, le baron de St-Amour, abandonna, malgré l'ordre qu'il avait reçu de s'y maintenir.

La retraite sur le col de Tende entraîna l'évacuation du massif de l'Authion et de la vallée de la Vésubie par les Austro-Sardes.

Les grenadiers de l'ancien 2e bataillon de l'Isère, après avoir pris part aux divers combats livrés dans la vallée de la Roya, marchèrent, avec la division du général Macquard, contre les retranchements que les Austro-Sardes avaient élevés au col de Tende. Ils furent chargés de s'emparer d'une batterie établie sur un rocher escarpé. Après avoir déposé leurs sacs, ils s'élancèrent sur les pentes balayées par les boulets et, sans s'arrêter, pénétrèrent dans la batterie et en chassèrent les artilleurs.

Les 1er et 2e bataillons de la 83e demi-brigade opérèrent dans la vallée de la Tinée. Après un combat à Claus, ils chassèrent les Piémontais de cette vallée et les rejetèrent sur le versant opposé. Pour se porter à l'attaque du col de la Fenestre, les soldats de la 83e demi-brigade durent marcher plusieurs heures en enfonçant dans la neige jusqu'à la ceinture. Ils furent ensuite chargés de garder le col Long.

Grâce aux habiles dispositions prises et à la bravoure de nos soldats, une campagne d'un mois à peine avait suffi pour rejeter l'armée sarde au-delà du col de Tende. Nous restions maîtres de tout le versant maritime des Alpes et d'une partie de la rivière de Gênes. 4.000 prisonniers et 70 canons étaient les trophées de cette glorieuse expédition.

« Vive la République, citoyens, écrivait le
« général Masséna au Comité de Salut Public,
« je n'ai que des succès à vous annoncer.
« Oneille et toute la riche vallée qui composait
« la ci-devant principauté de ce nom est
« occupée par les troupes de la République et
« le drapeau tricolore y flotte. Nos ennemis
« effrayés fuient et abandonnent partout des
« postes que la nature rend inexpugnables. Il
« fallait des Français et des Français républi-
« cains pour traverser les Alpes malgré les
« défilés et les neiges qui couvrent continuel-
« lement ces contrées. Mais nos soldats sont
« de vrais montagnards. Leur courage et leur
« conduite sont au-dessus de tout éloge. Rien
« ne les arrête, rien ne les enchaîne que
« l'amour sacré de la liberté. Ils ne savent
« que vaincre et jamais se plaindre. Marchant

« nu-pieds, souvent même sans subsistances,
« ils n'accusent personne. Ils chantent, au
« contraire, et ne connaissent, ces fiers Répu-
« blicains, que le pas de charge. »

CONCLUSION

Nous ne suivrons pas le 2ᵉ bataillon de l'Isère dans les diverses campagnes de la République et de l'Empire. Ses exploits appartiennent aux historiques de la 83ᵉ demi-brigade de bataille et de la 57ᵉ demi-brigade de ligne dans laquelle la primitive 83ᵉ fut versée, en 1796, par suite d'une seconde réorganisation.

Qu'il nous suffise de rappeler qu'à la Favorite (16 janvier 1797), l'impétuosité des soldats de la 57ᵉ demi-brigade leur valut le surnom de « *Terribles* » et la glorieuse inscription que Bonaparte fit broder sur leur drapeau. « *La Terrible 57ᵉ que rien n'arrête* ».

Avec non moins de bravoure, ils combattent en Suisse, en Allemagne..... A Austerlitz (2 décembre 1805), leur gloire s'accroît encore et leur ténacité héroïque sur le plateau de Pratzen attache à leur brigade la flatteuse épithète de « *brigade de fer* ».

Les Dauphinois des Terres-Froides et des Terres-Basses peuvent donc être fiers de leurs ancêtres. L'historique des volontaires nationaux du district de la Tour-du-Pin leur rappellera ce qu'il a coûté de souffrances et de privations à leurs pères pour leur garantir les libertés dont ils jouissent. Il leur apprendra aussi comment de paisibles gardes nationaux ont pu se transformer en ces vaillants dont Napoléon Ier était si fier. « C'est un de mes vieux d'Italie », disait-il, quand on lui rapportait les prouesses de l'un d'entre eux. (1)

En dignes descendants des fiers Allobroges, si jaloux de leur indépendance, les volontaires nationaux quittent leurs foyers pour répondre à la menace des états monarchiques de l'Europe qui veulent leur ravir les libertés que la Révolution vient de leur donner. Sous la direction d'un chef expérimenté et énergique, ils sont bientôt employés à la répression des troubles du Midi. Les malheurs causés par le désordre et l'anarchie leur démontrent la nécessité de l'union et de la discipline.

Onze mois après la création du bataillon, ils entrent en campagne ; mais cette rude épreuve produit une sélection. Ceux qui ne sont pas physiquement en état de supporter les fatigues de la guerre et ceux qui n'ont été poussés à s'enrôler que par l'enthousiasme du

____

(1) Voir à la troisième partie, la notice sur le baron Raverat.

premier moment, abandonnent la lutte. Les meilleurs restent et supportent, avec une patience héroïque et par les hivers les plus rigoureux, des privations de toutes sortes. Ils sont à peine vêtus ; ils souffrent de la faim. Mais ils s'aguerrissent chaque jour devant les dangers continuels que leur font courir, non seulement les Austro-Sardes, mais encore et surtout les montagnards fanatisés contre eux.

Par suite, leur caractère se trempe et leur courage, plus réfléchi, gagne en persévérance. Ils ont conscience du sacrifice qu'ils font pour leurs concitoyens, mais ils connaissent aussi la grandeur des devoirs du soldat armé pour la défense de son pays et, à cette pensée, leur dévouement patriotique s'exalte au plus haut degré. Désintéressés autant que stoïques, ils ne demandent, comme récompense de leurs exploits, que des souliers pour marcher à l'ennemi.

Par contraste, le peu de solidité des bataillons dans lesquels le commandement est faible ou ignorant et l'obéissance inconnue, les rend fiers d'appartenir à un bataillon d'élite qui fait l'admiration de l'armée d'Italie. Le sentiment de leur valeur développe en eux le culte de la bravoure et de l'honneur. Enfin, les succès qui couronnent leurs efforts affermissent les qualités militaires qu'ils ont acquises inconsciemment et c'est ainsi que les *guenillards*, les *affamés* du comté de Nice deviennent les *glorieux va-nu-pieds* de l'armée d'Italie et, plus tard, les *héros* dont la vaillance met en déroute toutes les armées de l'Europe.

Pareils exemples de patriotisme et de bravoure ne pouvaient être perdus pour les laborieuses populations de l'arrondissement de la Tour-du-Pin. Aussi l'histoire locale peut-elle se glorifier encore de la belle conduite des gardes nationales qui, commandées par le baron Raverat, ancien volontaire du 2e bataillon de l'Isère, repoussèrent, en 1814, les Autrichiens jusqu'au Pont-de-Beauvoisin et prirent part, en 1815, à la défense de Genève et du Bugey.

Et, en 1871, pendant les angoissantes journées de l'année terrible, les soldats improvisés du 27e régiment de mobiles, formé avec les trois premiers bataillons levés dans le département de l'Isère, n'hésitèrent pas à verser généreusement leur sang dans les combats livrés par la deuxième armée de la Loire. Malgré leur dévouement, les mobiles ne purent sauver que l'honneur; mais ils démontrèrent la merveilleuse aptitude guerrière de notre race et prouvèrent que, si la France avait pu disposer à cette époque de réserves instruites, l'issue de cette malheureuse guerre eût été bien différente.

Nos réservistes sont donc plus favorisés que les volontaires de la Révolution, les gardes nationaux et les mobiles puisque, grâce au service obligatoire et à la puissante organisation de l'armée, tous les Français reçoivent maintenant l'instruction militaire et sont constamment « prêts à marcher au premier appel de la Patrie », comme le demandait Dubois-Crancé en 1789.

Aussi, c'est avec confiance dans l'avenir que tous les citoyens remplissent leurs devoirs militaires et contribuent, par leur présence momentanée sous les drapeaux, à donner à la France cette impression de force qui lui permet de sauvegarder nos intérêts et de remplir dans le monde sa mission civilisatrice. Et si les événements nous obligeaient à prendre les armes, les généreuses populations de la subdivision de Bourgoin, gardiennes fidèles d'un bel héritage d'honneur et de gloire, s'empresseraient, comme leurs aïeux, les héroïques volontaires du district de la Tour-du-Pin, d'aller défendre les droits et l'indépendance de la Patrie.

Pièces Justificatives

N° 1

EXTRAIT du registre ouvert le 5 juillet 1791, conformément au décret de l'Assemblée nationale du 21 juin 1791, pour l'inscription des gardes nationales volontaires.

N° 1

BADIN
Jean-Baptiste,
âgé de 26 ans, taille de 5 pieds, 4 pouces et 9 lignes.

Je soussigné, Jean-Baptiste Badin, fils de Pierre, natif de Bourgoin, département de l'Isère, déc'are que mon intention est de m'inscrire sur les registres pour servir en qualité de garde national pour maintenir de tout mon pouvoir, les armes à la main, la Constitution du royaume conformément au décret du 21 juin 1791.

Fait en l'hôtel de la commune de Bourgoin, le cinquième juillet 1791.

Jean-Baptiste BADIN.

N° 15

DONCIEUX
Gaspard,
âgé de 36 ans,
taille de 5 pieds,
1 pouce.

Je soussigné, Gaspard Doncieux, capitaine de la compagnie de Saint-Michel de la garde nationale de la ville de Bourgoin, déclare que, animé du zèle d'être utile à ma Patrie, je me soumets de gré et volontairement pour servir en qualité de volontaire et me rendre toutes les fois que je serai requis pour concourir à défendre par la force des armes et autrement la Constitution.

En foi de quoi, j'ai signé le présent à Bourgoin le 8 juillet 1791.

DONCIEUX, Fils.

N° 19

COUTURIER
Joseph
âgé de 45 ans,
taille de 5 pieds,
3 pouces, 4 lignes

Je soussigné, Joseph Couturier, citoyen actif de cette ville, déclare que pour prouver mon zèle et pour défendre la Constitution contre ses ennemis, je répandrai jusqu'au dernier sang de ma vie en adhérant comme dessus.

COUTURIER, aîné.

N° 27

**DAVID
Charles-Louis-
Clément,**
âgé de 28 ans,
taille de 5 pieds,
2 pouces 1/2.

Je soussigné, Charles-Louis-Clément David, avoué près le Tribunal du district de La Tour-du-Pin séant en cette ville, originaire de La Chapelle-de-la-Tour-du-Pin, déclare vouloir répandre jusqu'à la dernière goutte de mon sang pour le maintien de la Constitution française conforme au décret de l'Assemblée nationale. Je jure une haine éternelle aux ennemis du bien public et déclare vouloir les poursuivre jusques au plus profond des abîmes les armes à la main. En conséquence, je me suis fait inscrire au rôle des braves volontaires et adhère à ceux qui seront animés du même zèle.

Fait en la salle de la maison commune le 9 juillet 1791.

DAVID.

N° 29

PERRET Jacques
âgé de 45 ans,
taille de 5 pieds,
3 pouces, 10 lignes.

Je soussigné, Jacques Perret, citoyen de cette ville adhère aux serments articulés ci-dessus et proteste de plus de charger d'exécration quiconque n'est pas patriote.

PERRET.

N° 49

DURAND Mathieu
âgé de 45 ans,
taille de 5 pieds,
4 pouces.

Je soussigné, Mathieu Durand, citoyen de cette ville déclare m'inscrire sur le registre ouvert pour le service des gardes nationales pour défendre la Constitution du royaume et je promets de partir en qualité de volontaire toutes les fois que j'en serai requis.

Bourgoin, 10 juillet 1791.

DURAND.

N° 71

DONIN de ROSIÈRE
Hippolyte
âgé de 18 ans,
taille de 5 pieds,
2 pouces 1/2

Je soussigné, Hippolyte Rosière, déclare m'inscrire volontairement sur le registre pour servir et défendre les armes à la main la Constitution du royaume conformément au décret de l'Assemblée nationale du 21 juin dernier.

Fait en la salle de la maison commune le 11 juillet 1791.

Hippolyte ROSIÈRE.

Le registre comprend 111 inscriptions. Cet extrait ne reproduit que les actes d'engagement les plus intéressants et ceux des volontaires qui furent élus officiers: de Rosière, Durand et Badin.

Les commissaires n'admirent que 71 gardes nationaux du canton de Bourgoin à s'enrôler. Ces 71 volontaires, parmi lesquels on compte 17 anciens soldats et 17 hommes mariés ayant de 1 à 4 enfants se décomposent ainsi :

a) comme âge : 15 au-dessous de 20 ans, 20 de 20 à 25 ans, 16 de 25 à 30 ans, 8 de 30 à 35 ans, 8 de 35 à 40 ans, 2 de 40 à 50 ans et, enfin, 2 de plus de 50 ans ;

b) comme professions : 21 marchands ou négociants, 12 bourgeois, 8 tisserands ou peigneurs de chanvre, 4 greffiers, avoués ou huissiers, 4 boulangers ou pâtissiers, 5 ouvriers en fer, 3 maçons, 2 cordonniers, 2 perruquiers, 2 cabaretiers ou aubergistes, 1 chirurgien et, enfin, 7 de professions diverses.

(Note de l'auteur).

N° 2

NOMENCLATURE des effets d'habillement équipement et armement

dont les gardes nationales devront être pourvues (*faisant suite à la lettre du Directoire du département en date du 23 août 179 .*).

HABILLEMENT

Habit Veste 2 culottes Chapeau	conformément aux modèles décrétés par l'Assemblée nationale les 23 juillet, 21 septembre 1790 et 13 juillet 1791.

ARMEMENT

Fusil garni de sa baïonnette,
Sabre pour les sous-officiers,
Epée pour les officiers,
Giberne pour les sous-officiers et soldats,
Ceinturon pour les officiers et sous-officiers,
Colliers de tambours,

ÉQUIPEMENT

Trois chemises,
Deux cols de basin blanc et un noir,
Deux paires de souliers,
Une paire de guêtres de toile blanche,
Une paire de guêtres de toile grise,
Une paire de guêtres estamette noire, doublée en toile
       sur les côtés,
Deux mouchoirs,
Deux paires de bas,
Une boucle de col,
Une paire de boucles de souliers,
Deux paires de boucles de jarretières,
Un bonnet de nuit,
Deux cocardes,
Une tire-boutons,
Une alène,
Un tire-bourre,
Une épinglette,
Un tournevis,
Havre sac de peau de veau,
Sac de toile pour les distributions.

N° 3

Archives Départementales
de l'Isère

—

7ᵉ Division militaire

Moirans

10 décembre 1791

EXTRAIT

du procès-verbal de revue et de réception du 2ᵉ bataillon des gardes nationales de l'Isère.

L'an 1791, le dix du mois de décembre, 8 heures du matin, en exécution du règlement du 5 août de la présente année, sur trois décrets de l'Assemblée nationale des 21 juin, 22 juillet et 4 août précédents, concernant la formation, les appointements et la solde des bataillons de gardes nationales ; M. de Fezensac, maréchal de camp employé à la 7ᵉ division militaire, ayant été prévenu par MM. Bizanet et Varnet, commissaires nommés par le département de l'Isère que le second bataillon de gardes nationales, assemblé à Bourgoin depuis le 13 novembre était prêt à passer sous ses ordres ; M. de Fezensac, accompagné de MM. les commmissaires sus-nommés et de nous Pierre-Alexandre Duparc, commissaire des guerres employé à la 7ᵉ division militaire, s'est rendu sur la place publique où ledit bataillon était assemblé ; où étant,

MM. les commissaires du département nous ont
remis les contrôles nominatifs de chaque compagnie
et après avoir fait publier les bancs prescrits par
les articles 30 et 31 du titre 3 de la loi du 10 juillet
dernier, et donné lecture du règlement de police,
discipline et administration concernant les bataillons de
gardes nationales, nous avons fait l'appel nominal de
tous les individus formant les compagnies et il résulte
de notre revue que le bataillon susdit s'est trouvé
composé ainsi qu'il suit :

Officiers

		Présents	Absents	Total	Emplois vacants
de l'état-major	Lieutenants-colonels.	1	1 (1)	2	»
	Quartier-Maître-Trés^{er}	1	»	1	»
des compagnies	Capitaines........	9	»	9	»
	Lieutenants	9	»	9	»
	Sous-Lieutenants...	8	1 (2)	9	»
	Totaux.....	28	2	30	»
Total	de l'effectif.. .	30		....	
	du complet....	....		30	

____

(1) Le lieutenant-colonel Dampmartin ne parut jamais
au bataillon (note de l'auteur).

(2) Le sous-lieutenant Joseph Gaget (7e compagnie) était
resté malade à la Côte-St-André (note de l'auteur).

Sous-officiers et Gardes nationales	Tambour-maître ..	»	
	Armurier.........	1	
	Sergents-majors...	9	
	Sergents..........	18	
	Caporaux..........	36	
	Gardes nationales .	467	dont 1 absent.
	Tambours	9	

Total de l'effectif 510

Manque au complet... 2

Total du complet.... . 512

Passant ensuite à la vérification prescrite des effets d'habillement, d'armement et d'équipement, nous avons reconnu ce qui suit :

Savoir :

HABILLEMENT

Que plusieurs sous-officiers et soldats sont pourvus d'un habit, veste et une culotte conformes au modèle décrété par l'Assemblée nationale les 23 juillet et 21 septembre 1791 ; mais le fonds du bataillon est entièrement dépourvu de ces divers objets. MM. les commissaires du département nous ont assuré qu'on était occupé à la confection des habits, vestes et culottes et que, très incessamment, ils seraient pourvus de tous ces objets.

ARMEMENT

Qu'aucun sous-officier et soldat n'est pourvu d'aucun effet d'armement. MM. les commissaires ont représenté que les sabres et ceinturons pour les sous-officiers, les gibernes pour les sous-officiers et soldats devant être fournis des envois annoncés par le Ministre de la Guerre, la troupe ne pouvait être pourvue de ces divers objets, attendu qu'il ne sont pas encore arrivés.

Qu'à l'égard des fusils garnis de leurs bayonnettes, comme la loi du 24 juin dernier autorise MM. les officiers généraux chargés de l'inspection des bataillons de gardes nationales volontaires à faire délivrer ces armes, ils espéraient que M. de Fezensac donnerait des ordres en conséquence.

ÉQUIPEMENT

Que tous les sous-officiers et soldats sont entièrement pourvus de 3 chemises et de 2 mouchoirs de poche, plusieurs même sont fournis de deux cols de basin, mais ils sont entièrement dépourvus de tous les autres effets d'équipement prescrits par le règlement du 5 août dernier.

De tout quoi, nous commissaire des guerres susdit, avons dressé le présent procès-verbal de réception que nous avons signé avec MM. Bizanet et Varnet, commissaires du département et M. de Fezensac, maréchal de camp. Duquel procès-verbal il sera fait quatre expéditions, dont une pour être adressée au

Ministre de la Guerre, une sera remise à MM. les commissaires du département pour servir à leur décharge, une au commandant du bataillon et l'autre au trésorier des troupes.

A Moirans, les jour, mois et an que dessus.

Bizanet, Varnet, Philippe de Fezensac, Duparc.

N° 4

Archives Administratives
du Ministère de la Guerre

EXTRAIT du contrôle nominatif des officiers, sous-officiers et gardes nationales qui composent le 2ᵉ bataillon du département de l'Isère pour servir à la revue de réception du bataillon susdit.

1° ÉTAT-MAJOR

Noms	Grades	Âge	Lieu de naissance
DAMPMARTIN	Lieutenant-Colonel Commandant	»	Absent
BIZANET Laurent	Lieutenant-Colonel Command. en second	36 ans	Grenoble
BOUQUIN Jean-François	Quartier-maître-Trésorier	26	Les Avenières
PASQUET Jean-Louis.	Adjudant sous-officier	31	Bourgoin
GENTIL Joseph	Armurier	»	Les Abrets

2ᵉ COMPAGNIES

Compagnie de Grenadiers

NOMS	Grades	Age	Lieu de naissance
Boissier Joseph	Capitaine	23	Les Abrets
Roche Gabriel	Lieutenant	23	Pressins
Douillet Jean-Baptiste	Sous-lieut.	22	Charancieu
Derio Benoît	Ser.-major	22	Vienne
Apprin Laurent	Sergent	22	Montferrat
Janette Pierre	»	30	S-Jean-d-Soudain
Goy Louis	Caporal	21	Bourgoin
Combe Louis	»	22	La Tour-du-Pin
Chevallet Michel	»	20	St-Geoire
Ferrand Claude	»	39	La Chapelle
Chaste Anthelme	Grenadier	25	St-Marcel
Jolly Jean-Baptiste	»	22	Chateauvilain
Bignon Jean	»	24	Colombes
Croizat Claude	»	26	Optevoz
Richert Joachim	»	22	Le Bouchage
Berger Michel	»	20	Jallieu
Delearet Joseph	»	20	Les Avenières
Chauron Joseph	»	25	Charancieu
Vacher Pierre	»	18	Vignieu
Reynaud Clément	»	22	Pressins
Baty Jean	»	22	St-Marcel
Lalichère Joseph	»	20	Fitilieu
Fremillon Claude	»	25	La Bâtie-Divisin
Buffevent Claude	»	26	Fitilieu
Girerd Modeste	»	21	Les Abrets
Biessy Michel	»	22	Biol
Monaven Antoine	»	21	Les Avenières
Durand Louis	»	21	Montagnieu
Sanson Claude.	»	17	Pont-Beauvoisin
Chavier François	»	21	Eclose
Alabert Joseph	»	25	Frontonas
Genet Jacques	»	24	Les Avenières
Croibier André	»	19	Merlas
Comte Ennemond	»	23	St-Didier
Tollon Claude	»	24	Parmilieu

(Suite)

NOMS	Grades	Âge	Lieu de naissance
Poncet André	Grenadier	18	St-Barthélemy
Cochet Antoine	»	22	Optevoz
Perrin Joseph	»	18	St-Geoire
Ducros Michel	»	35	Quirieu
Grepal Pierre	»	18	St-Ondras
Girerd Baptiste	»	19	Les Avenières
Chevalier Claude	»	22	Corbelin
Annequin Jean	»	24	Montagnieu
Garnier Joseph	»	22	Colombes
Miège Jean	»	19	Cessieu
Régis François	»	18	Parmilieu
Perrin Antoine	»	20	Montagnieu
Rey Benoît	»	18	Quirieu
Meyet Joseph	»	25	Charancieu
Guillaud Jean-Baptiste	»	19	Doissin
Poulet Pierre	»	19	Biol
Delestras Gabriel	»	20	Trept
Brizat André	»	20	St-Geoire
Sornin Joseph	»	23	Crémieu
Contamin Philippe	»	22	Crémieu
Morel Michel	»	29	Bouvesse
Dolin Joseph	»	30	Cognin
Blanc François	»	20	St-Ondras
Grepat Laurent	»	24	St-Ondras
Novel Joseph	»	21	Aoste
Girerd François	»	21	Faverges
Fournier Jean-Baptiste	Tambour	21	Lyon

1ʳᵉ Compagnie

NOMS	Grades	Age	Lieu de naissance
Billiez Benoît	Capitaine	26	Vercieu
Beaufrère Claude	Lieutenant	21	Vertrieu
Tournois Claude	Sous-lieut.	28	Quirieu
Clerc Benoît	Serg.-Major	2?	Vertrieu
Billiez Antoine	Sergent	19	Vercieu
Beaujeu Claude	»	20	Vertrieu
Hyvert Louis	Caporal	31	Vercieu
Champier Jean-Baptiste.	»	21	Vercieu
Guyot Claude	»	23	Vertrieu
Guichert Louis	»	21	Vercieu
Veyret François	Fusilier	19	Vertrieu
Serin Jean	»	26	Vertrieu
Radix Claude	»	23	Optevoz
Chavant François	»	20	Vertrieu
Dumas Jean	»	18	Parmilieu
Pellet Etienne	»	18	Bourgoin
Ebrat Joseph	»	30	Tallard (Htes-Alpes)
Moyne Benoît	»	25	Vertrieu
Collisu Claude	»	22	Vertrieu
Michalon Alexis	»	25	Vercieu
Toussieu Louis	»	20	St-Marcel
Rey Claude	»	20	Courtenay
Tholon Joseph	»	18	Vercieu
Blanc Bonaventure	»	21	Hières
Martin Jacques	»	20	St-Marcel
Patricot Etienne	»	18	Amblagnieu
Bourjat Etienne	»	24	Optevoz
Barbier Claude	»	20	Vertrieu
Despinas Jean	»	22	Parmilieu
Labruine Joseph	»	24	Parmilieu
Aubin Jean-Baptiste	»	22	Vertrieu
Magot Jean	»	25	Vertrieu
Milliet André	»	21	Vertrieu
Brunier Benoît	»	18	La Balme
Chavant Claude	»	21	Vercieu
Delange Claude	»	19	Vercieu
Billiez Benoît	»	21	Vercieu
Gros Barthélemy	»	20	La Cros-Arandon

(Suite)

NOMS	Grades	Âge	Lieu de naissance
Vindret Joseph	Fusilier	18	Vertrieu
Sévérin Antoine	»	27	Vercieu
Rubin Antoine	»	20	Parmilieu
Fanchon Barthélemy	»	20	Vertrieu
Corsin Louis	»	26	Quirieu
Milliat Gaspard	»	23	Quirieu
Gaillard Joseph	»	22	Vertrieu
Briguet Luc	»	21	Quirieu
Guicherd Jean	»	20	Vercieu
Denise Pierre	»	20	Vercieu
Bejas Christophe	»	25	Quirieu
Gros Laurent	»	25	Bouvesse
Pejut Pierre	»	19	Amblagnieu
Brissot Joseph	»	23	Vertrieu
Mezin Jean-Baptiste	»	21	Ste Colombe
Garnier Antoine	»	23	Frontonas
Champier Pierre	»	18	Parmilieu
Birral Claude	»	18	Bourgoin
Vacher Benoit	»	25	Optevoz
Vindret Joseph	»	18	Amblagnieu
Chaleyssin Florian	»	19	Optevoz
Bert André	»	18	La Balme
Grivet Joseph	»	18	Hières
Deschamps François	»	22	Optevoz
Mouroux Louis	Tambour	22	Virieu

2ᵉ Compagnie

NOMS	Grades	Âge	Lieu de naissance
De Bruno Jean-François	Capitaine	37	Grenoble
Paret Germain	Lieutenant	28	Pt-de-Beauvoisin
Bin Claude	Sous-Lieut.	24	Charancieu
Gautier Joseph	Serg.-Major	19	Grenoble
Portier Jean	Sergent	36	Les Abrets
Péronnier Melchior	»	25	Pt-de-Beauvoisin
Flandrin Joseph	Caporal	20	Voiron
Galbit Joseph	»	23	Chirens
Dechaud Victor	»	19	Billieu
Humbert Dominique	»	20	Fitilieu
Marthelon Jean	Fusilier	24	Rossin-la-Bâtle-Divisin
Thoniel Claude	»	19	Fitilieu
Reynaud-Dulaurier François	»	24	Massieu
Yvrier François	»	24	Montferrat
Deschaux-Beaune Claude	»	21	Charavines
Reynaud Benoit	»	19	St-André
Pot-de-Vin Etienne	»	18	Pt-de-Beauvoisin
Richard Joseph	»	18	Les Abrets
Rajon Guillaume	»	20	Pt-de-Beauvoisin
Perrin Joseph	»	19	Fitilieu
Salavin Louis	»	18	St-André
Biessy Joseph	»	18	Pt-de-Beauvoisin
Frapat Benoit	»	22	St-Michel-de-Paladru
Genin Claude	»	19	Les Abrets
Favier Antoine	»	19	Charancieu
Bret Bernard	»	19	Arentefort
Milliat Thomas	»	22	La Murette
Gravet Jacques	»	21	Jallieu
Giroud Claude	»	23	St-Geoire
Chabord Claude	»	21	Montferrat
Lacroix André	»	21	St-André-l-Palud
Comte Louis	»	22	Paladru
Berthet Laurent	»	17	Pt-de-Beauvoisin
Bourde Georges	»	23	Voiron
Pitel Joseph	»	20	Apprieu
Lanfray François	»	34	Chélieu
Merlin Jean-Baptiste	»	20	Chirens
Brenier Melchior	»	21	Pt-de-Beauvoisin

(Suite)

NOMS	Grades	Age	Lieu de naissance
Genin Jean	Fusilier	20	St-Pierre-d-Palud
Pinet Jean-Baptiste	»	23	Pt-de-Beauvoisin
Morel Pierre	»	23	St-Pierre-d-Palud
Chaton Claude	»	23	St-Pierre-d-Palud
Cuaz Jacques	»	23	St-Pierre-d-Palud
Noble-Capitaine François	»	18	Chirens
Jacquin Louis	»	21	Chirens
Bertrand-Poyau Jean	»	20	Pt-de-Beauvoisin
Balthazar Pierre	»	20	Pt-de-Beauvoisin
Chaboud Jacques	»	18	Montferrat
Marron Antoine	»	18	La Folatière
Jullien Claude	»	20	St-Michel-d-Palud
Cuus Jacques	»	20	St-Michel-d-Palud
Meyer Jacques	»	26	Chirens
Bardin Etienne	»	25	Chirens
Feydel Pierre	»	20	Montferrat
Galbit Jean	»	18	Chirens
Oiselet François	»	28	Les Abrets
Penet Etienne	»	22	Apprieu
Trouilloux Félix	»	25	Chirens
Jullien Pierre	»	19	Paladru
Catin Joseph	»	19	Massieu
Sauge-Lépine Jean	»	18	Billieu
Deschaux-Beaune Claude	»	10	Billieu
Argoud Jean	Tambour	20	St-André

3ᵉ Compagnie

NOMS	Grades	Âge	Lieu de naissance
Donin de Rosière Hippolyte	Capitaine	20	Bourgoin
Durand Mathieu	Lieutenant	40	Bourgoin
Badin Joseph	Sous-Lieut.	30	Bourgoin
Chapuis Claude	Serg.-Major	20	Bourgoin
Faure Claude-Aimé	Sergent	20	Bourgoin
Bonnet Jacques	»	22	Bourgoin
Vallet François	Caporal	24	Bourgoin
Serre Benoit	»	30	Bourgoin
Charrel Pierre	»	20	Veyssilieu
France Antoine	»	25	Bourgoin
Collin Jean	Fusilier	19	Bourgoin
Eynard Claude	»	22	Veyssilieu
Guimet Louis	»	21	Bourgoin
Genin Pierre	»	20	Ruy
Douare Denis	»	21	Veyssilieu
Latreille Joseph	»	21	Crisieu (Moras)
Monavon Xavier	»	18	Bourgoin
Chapuis Claude	»	22	Ruy
Micard Louis	»	21	Bourgoin
Boissac François	»	20	Ruy
Joffray Antoine	»	18	Bourgoin
Belleval Luc	»	18	Ruy
Martin Joseph	»	22	Ruy
Argoud François	»	20	Ruy
Mermet Baptiste	»	19	Bourgoin
Berger Pierre	»	22	Bourgoin
Bouvet Antoine	»	25	Veyssilieu
Colomb Etienne	»	22	Serezin
Bournay Louis	»	21	Bourgoin
Moiroud Antoine	»	20	Bourgoin
Roibin Anthelme	»	20	Crisieu (Moras)
Fabry Michel	»	19	Veyssilieu
Martinet Antoine	»	22	Ruy
Lienard Jean	»	20	Jallieu
Taché Louis	»	25	Veyssilieu
Drogue Michel	»	19	Veyssilieu
Mellard Louis	»	18	Bourgoin
Sage Claude	»	22	Frontonas

(Suite)

NOMS	Grades	Âge	Lieu de naissance
Vieux François	Fusilier	20	St-Marcel
Chapot Claude	»	19	Frontonas
Berliat Anthelme	»	20	St-Marcel
Déchaud Michel	»	20	Chozeau
Joffray Jean	»	20	Bourgoin
Morel Pierre	»	21	Bourgoin
Corbier Louis	»	21	Bourgoin
Rochette Jacques	»	25	Rive-de-Gier
Rojon Joseph	»	21	Bourgoin
Fertet Joseph	»	23	Ruy
Berthonnier Claude	»	20	Pont-de-Ruy
Michaud Baptiste	»	20	Frontonas
Silvan Benoît	»	18	Jallieu
Marmonnier Michel	»	22	Bourgoin
Seiglier Jean	»	19	St-Hilaire-de-Brens
Bert Charles	»	21	Bourgoin
Guichard Pierre	»	31	Veyssilieu
Bourdillon Pierre	»	28	Vienne
Gaget Michel	»	18	Bourgoin
Perret Sébastien	»	20	Bourgoin
Charuy Jacques	»	23	Bourgoin
Bonnard Louis	»	18	Bourgoin
Roujon Auguste	»	28	Bourgoin
Latour Alexandre	»	20	Bourgoin
Comberousse Louis	Tambour	15	Bourgoin

4ᵉ Compagnie

NOMS	Grades	Âge	Lieu de naissance
Bernard-Marigny Joseph	Capitaine	21	Morestel
Bertrand Paul	Lieutenant	24	Morestel
Gourju Michel	Sous-Lieut.	27	Morestel
Solle Claude	Serg.-Major	23	Monetier-de-Briançon
Guilloud Dominique	»	19	Granieu
Grandval Claude	»	19	Morestel
Martin Jean-Baptiste	Caporal	18	Pressins
Guélat Balthazar	»	22	Sermérieu
Seigle Benoit	»	23	Morestel
Vargoz Jacques	»	23	Thuellin
Guilliot Antoine	Fusilier	21	Pressins
Guinet Charles	»	23	St-Sorlin
Guinet Benoit	»	23	St-Sorlin
Chausson Joseph	»	19	Brangues
Monavon Etienne	»	30	St-Didier
Burillion Pierre	»	21	St-André
Monin Claude	»	21	Charancieu
Lanfrey Sébastien	»	22	Morestel
Gruat Etienne	»	31	Voissant
Baude François	»	19	Voissant
Genin Benoit	»	25	St-Victor
Perret Anthelme	»	23	Trept
Richerd Claude	»	24	Recoin-Abrets
Rey Jean-François	»	30	Annecy
Rivet Benoit	»	23	St-André
Lechère Claude	»	24	St-Jean-4-Soudain
Devallon Joseph	»	19	Morestel
Vivier Pierre	»	19	La Tour-du-Pin
Million Joseph	»	19	Ste-Blandine
Bigallet Antoine	»	18	Morestel
Bellot Sébastien	»	21	Corbelin
Cottier Georges	»	21	St-Jean
Besson Antoine	»	18	Pressins
Bigallet Laurent	»	25	Vézeronce
Huguet Pierre	»	21	St-Sorlin
Depierre Joseph	»	21	Courtenay
Corbel François	»	22	Curtin
Curtinet Pierre	»	22	St-Jean-d'Avelanne

(Suite)

NOMS	Grades	Age	Lieu de naissance
Netton Charles	Fusilier	19	St-Jean-d'Avelanne
Carret Louis	»	21	Charancieu
Benoit Louis	»	30	St-André
Munier George	»	22	Pressins
Rigollet Benoit	»	19	Sermérieu
Pailler Jean-Baptiste	»	21	St-Didier
Hérault Jean	»	19	Corbelin
Berthollet Jean	»	21	Pressins
Barruel Jacques	»	33	Les Abrets
Trolier François	»	24	Curtin
Bailly André	»	20	Fitilieu
Richard Joseph	»	18	Sermérieu
Cécillon André	»	19	St-Jean-d'Avelanne
Daudet Antoine	»	19	Pressins
Priez Guillaume	»	20	Les Avenières
Pacalin André	»	27	St-André
Platro Gabriel	»	26	St-Sorlin
Guinet François	»	18	St-Sorlin
Béjuy Jean	»	19	Curtin
Burillon Claude	»	18	St-André
Berlioz Jean	»	18	St-Jean-d'Avelanne
Durand Claude	»	19	Brangues
Buscoz Jérôme	»	27	Voissant
Claret Antoine	»	20	Vézeronce
Roguier Claude	Tambour	19	Bourgoin

6ᵉ Compagnie

NOMS	Grades	Age	Lieu de naissance
Baudrand Pierre-Guillaume	Capitaine	27	Chimilin
Souvras Jean-François	Lieutenant	26	Veyrins
Coche Jean-Baptiste	Sous-Lieut.	40	Corbelin
Meny Louis	Serg.-Major	26	Ciers
Bernachot Antoine	Sergent	22	Veyrins
Meny Joseph	»	22	Ciers
Fournier Joseph	Caporal	25	Dolomieu
Monavon Jean	»	22	Veyrins
Barbier Pierre	»	21	St-Barthélemy (Corbelin)
Rabatel Jean	»	23	Veyrins
Guétat Joseph	Fusilier	18	Veyrins
Four François	»	27	Ciers (les Avesières)
Planet Anthelme	»	22	Buvin (les Avesières)
Perroncel Thomas	»	22	Ciers
Berlioz Joseph	»	19	Corbelin
Perrin Laurent	»	22	St-Barthélémy
Verger Jean	»	22	Corbelin
Berlioz Claude	»	21	Veyrins
Sauvage Louis	»	21	Veyrins
Favier Sébastien	»	18	St-Barthélémy
Cochard Balthazar	»	22	Ciers
Mermet Benoit	»	20	Dolomieu
Iter Louis	»	20	Morestel
Bret Jean	»	25	Corbelin
Granger Benoit	»	22	Corbelin
Jourdan Joseph	»	18	Corbelin
Jourdan Joseph	»	23	Aoste
Moulin Louis	»	20	Corbelin
Girerd François	»	19	Corbelin
Salomon Michel	»	23	Veyrins
Couillaud François	»	21	Ciers
Colaz André	»	20	Dolomieu
Favre Jacques	»	18	Bâtie-Montgascon
Budin Michel	»	25	Buvin
Genin Antoine	»	21	Dolomieu
Méran Benoit	»	21	Dolomieu
Semanaz Claude	»	23	Bâtie-Montgascon
Chaboud François	»	20	Ciers

(Suite)

NOMS	Grades	Âge	Lieu de naissance
Bouteille Jean-Louis	Fusilier	22	Izieu (Ain)
Berlioz Joseph	»	18	St-Didier
Chaffard Anthelme	»	21	Ciers
Bordel Henri	»	20	Veyrins
Reynaud Claude	»	21	Corbelin
Tripier George	»	32	Veyrins
Cousin Jean	»	19	Bâtie-Montgascon
Berger Jean	»	28	Chimilin
Sigurat Antoine	»	18	St-Didier
Vallin Jean	»	30	La Tour-du-Pin
Goujon Joseph	»	22	Veyrins
Genin Pierre	»	18	La Tour-du-Pin
Bornetal François	»	18	Ciers
Giffard Pierre	»	21	Ciers
Berthier Jacques	»	18	Ciers
Rivier Benoit	»	23	Bâtie-Montgascon
Coche André	»	18	Corbelin
Rabatel Vincent	»	24	Veyrins
Bourgey François	»	20	La Bâtie
Desbrieux Claude	»	21	Veyrins.
Bonnerat Claude	»	23	Aoste
Trouilloud Pierre	»	18	Ciers
Ravit Benoit	»	18	Ciers
Sigurat Joseph	»	27	Corbelin
Mollard Joseph	Tambour	16	Bourgoin

6ᵉ Compagnie

NOMS	Grades	Age	Lieu de naissance
Larrivé André	Capitaine	22	St-Chef
Reverdy Pierre	Lieutenant	22	Crémieu
Trichon Benoit	Sous-Lieut.	20	Crémieu
Perrin Benoit	Serg.-Major	26	Crémieu
Morel Pierre	Sergent	23	Crémieu
Veyret François	»	39	St-Hilaire-de-la-Côte
Dubois Valentin	Caporal	25	St-Chef
Gauchon Guillaume	»	20	Crémieu
Sornin Joseph	»	18	Annoisin
Gros Joseph	»	20	Amplézieu
Trouilloud François	Fusilier	22	Vignieu
Moly Claude	»	40	Trept
Joffray Claude	»	23	Eclose
Regner Claude	»	22	St-Savin
Delyon Claude	»	22	Trept
Teillon Joseph	»	18	St-Chef
Patricol Laurent	»	26	Crémieu
Veyssilier Joseph	»	18	Arcisse
Tricot Benoit	»	18	L'Arbresle (Rhône)
Besançon Claude	»	23	Trept
Paul Louis	»	22	Courtenay
Dimay Louis	»	24	Trept
Dalphinet Abel	»	21	Trept
Berliat François	»	21	Trept
Joannin Benoit	»	19	St-Chef
Berthier Benoit	»	18	Vignieu
Garnier Pierre	»	24	St-Hilaire
Combe Antoine	»	20	Carizieu-Dizimieu
Gonnay Jean	»	22	Eclose
Duncieu Pierre	»	24	St-Savin
Garapon Joseph	»	19	Vignieu
Michaud Claude	»	21	Annoisin
Gaudon Honoré	»	19	Annoisin
Richard Louis	»	18	Montceau
Bert Didier	»	24	Sérézin
Couturier Jean	»	23	Vermelle
Jeunchomme Félicien	»	23	St-Chef
Royat Claude	»	20	Tignieu

(Suite)

NOMS	Grades	Âge	Lieu de naissance
Chavrier Joseph	Fusilier	19	Trept
Bert Jean	»	20	Frontonas
Bouchat Claude	»	20	Veyssilieu
Gonnet Pierre	»	18	Eclose
Garnier Claude	»	22	Arcisse
Jannet Jean-Baptiste	»	20	Crémieu
Dumoulin Fortuné	»	18	Leyrieu
Perroncel Grégoire	»	22	Les Avenières
Guillaudon Claude	»	19	Leyrieu
Latour Antoine	»	19	Bourgoin
Double Babel	»	21	Vignieu
Butin Michel	»	23	St-Marcel
Cottin Louis	»	23	Leyrieu
Laurent Sébastien	»	28	Frontonas
Desgranges François	»	26	Crémieu
Charrel François	»	26	St-Chef
Vieux Antoine	»	18	St-Marcel
Faure Joseph	»	23	Eclose
Dumoulin Claude	»	20	Leyrieu
Bergeron Benoit	»	19	Crémieu
Gros Jean	»	18	Crémieu
Raison François	»	25	Le Passage
Giroud Hilaire	»	18	St-Chef
Chabert Pierre	»	24	St-Marcellin
Bouillat François	Tambour	14	Crémieu

7ᵉ Compagnie

NOMS	Grades	Age	Lieu de naissance
Duvivier Camille	Capitaine	30	Romans (Drôme)
Ollivier Antoine	Lieutenant	35	La Tour-du-Pin
Gaget Joseph	Sous-Lieut.	34	Coiranne
Gallet François-Victor	Serg.-Major	21	La Tour-du-Pin
Venod Jean-Baptiste	Sergent	39	La Tour
Gaget Victor	»	26	Coiranne
Jacquin Antoine	Caporal	22	La Tour
Fouillon Jean	»	27	Montagnieu
Thévenon Joseph	»	27	La Tour
Charvet Guy-Gabriel	»	26	La Tour
Belleu Antoine	Fusilier	27	St-Didier
Berlioz Michel	»	21	La Tour
Gaget Pierre	»	18	Coiranne
Cécillon François	»	20	St-Victor
Jarrin Claude	»	20	La Tour
Gentil Jean	»	26	La Tour
Michard Pierre	»	22	Frontonas
Million Joseph	»	18	Ste-Blandine
Bert Joseph	»	19	Cessieu
Durand Jean	»	21	Ste-Blandine
Brenet Benoit	»	21	St-Victor
Vallin Louis	»	24	La Chapelle
Million François	»	28	St-Clair
David Régis	»	19	Torchefelon
Jonchy Claude	»	26	Toirin
Laurent Joseph	»	18	Succieu
Thévenon Blaise	»	25	La Tour
Contamin Jean	»	22	Cessieu
Vinay Jean	»	20	La Tour
Béjuy Antoine	»	18	Cessieu
Ginet Louis	»	21	Jallieu
Annequin Jean-Baptiste	»	20	Montagnieu
Mollard Claude	»	26	St-Jean-de-Soudain
Joffray Jacques	»	28	La Tour
Veyret Pierre	»	21	Montagnieu
Comte François	»	18	Biol
Combe Joseph	»	22	La Tour
Douillet Ferréol	»	21	Montagnieu

(Suite)

NOMS	Grades	Âge	Lieu de naissance
Thévenon Joseph	Fusilier	20	Toirin
Genin Joseph	»	19	Cessieu
Cliet Augustin	»	17	La Tour
Marmonnier Benoit	»	24	Torchefelon
Denat Joseph	»	21	La Tour
Charpit Benoit	»	20	Jailieu
Odos Louis	»	18	La Tour
Deguiernas Laurent	»	18	Jallieu
Porcher Benoit	»	34	Cessieu
Genin Etienne	»	20	St-Jean
Cottin Antoine	»	20	Bourgoin
Charvet Etienne	»	28	La Tour
Lapierre François	»	24	Le Gua
Vallin Jean	»	29	Succieu
Fallatieu Antoine	»	20	Sérézin
Lespinasse Henri	»	24	La Tour
Jonchay Angelin	»	22	Cessieu
Cornillon Joseph	»	18	La Tour
Guillaud Joseph	»	24	Ste-Blandine
Curtel Antoine	»	21	St-Jean
Bel Joseph	»	20	Cessieu
Genin-Toiret Joseph	»	20	Toirin
Billard Claude	»	18	Châteauvilain
Richaud Jean	»	21	Bourgoin
Versange Joseph	Tambour	20	

8ᵉ Compagnie

NOMS	Grades	Age	Lieu de naissance
Gallien Antoine-Gabriel	Capitaine	21	Lemps
Vial Guillaume-Paulin	Lieutenant	18	Lemps
Faure-Comte Joseph	Sous-Lieut.	40	Lemps
Fuzier Joseph	Serg.-Major	19	St-Ondras
Genevray Jean-Baptiste	Sergent	34	Lemps
Charvet Pierre	»	44	Bizonnes
Beray Claude	Caporal	24	Châbons
Fuzier François	»	18	St-Ondras
Jacquet Joseph	»	21	Biol
Brosse Jean-Baptiste	»	27	Lemps
Guillaud Claude	Fusilier	21	Montrevel
Agnel Auguste	»	19	Châbons
Agnès Pierre	»	22	Châbons
Bouvat Joseph	»	22	Bevenais
Poulet Antoine	»	22	Biol
Déchenaux Joseph	»	20	Bizonnes
Biessy Pierre	»	25	St Didier-de-Bizonnes
Douillet Pierre	»	21	Lemps
Revol Jean	»	21	Bevenais
Rondet François	»	21	Lemps
Clavel Pierre	»	19	Bizonnes
Moiroud Jean	»	21	Bizonnes
Chamboz Jean	»	19	Châbons
Morel Joseph	»	19	Bevenais
Jacquet Joseph	»	27	Biol
Faure François	»	21	Lemps
Lambert Jean	»	21	St-Christophe-du-Pin
Arthaud Joseph	»	22	Virieu
Mingrat Antoine	»	18	Lemps
Vivian Etienne	»	22	Ruy
Lagnieu Antoine	»	22	Bevenais
Chapui Joseph	»	18	St-Ondras
Boiton Pierre	»	22	Biol
Clait Antoine	»	20	Châbons
Agnès Joseph	»	20	Châbons
Blache Jean-Baptiste	»	18	Virieu
Blanc Basile	»	18	St-Honoré (St-Ondras)
Virieu Antoine	»	21	Lemps

(Suite)

NOMS	Grades	Age	Lieu de naissance
Barbier Antoine	Fusilier	21	Bizonnes
Comte Pierre	»	20	Biol
Guillon Jean	»	19	Biol
Guillaud Gabriel	»	18	Bizonnes
Douillet François	»	24	Bizonnes
Moiroud Pierre	»	22	Bizonnes
Savoyat Joseph	»	18	Châbons
Douillet François	»	23	Ruy
Villaz François-Michel	»	18	Colombes
Bonnardon Joseph	»	25	Bevenais
Comte Claude	»	18	Lemps
Raynaud Benoit	»	22	Châbons
Jacquier Jean-Claude	»	20	Vaulserre
Charpenay Jacques	»	26	Lemps
Lacroix Jean	»	22	Châbons
Barbier François	»	18	Oyeu
La Roche Félix	»	19	Virieu
Moulin Joseph	»	22	Châbons
Deloras Guillaume	»	19	Bevenais
Garampon François	»	21	Châbons
Argoud Pierre	»	18	Châbons
Perrin Antoine	»	19	St-Jullien (Virieu)
La Roche François	»	23	Virieu
Jacquet Jean	»	18	Biol
Barbier Pierre	Tambour	13	Châbons

A Moirans, le 10 décembre 1791.

BIZANET, VARNET, Commissaires

Pour copie: DUFARC.

N° 5

Nice, le 9 décembre,
l'an 1er de la République Française.

Frères d'armes, soldats-citoyens et citoyens-soldats Républicains,

Vos concitoyens, nos camarades, abandonnent le Drapeau que nous reçûmes de vos mains. Vous crûtes d'abord, ainsi que nous, que ceux qui le recevaient ne le quitteraient qu'à la mort et qu'ils le rapporteraient dans le district de La Tour-du-Pin couvert de lauriers. Il flotte devant l'ennemi et sa couleur tricolore le fait trembler. Il a essuyé le feu et nous avons combattu sous son ombre ; c'est ce qui nous le rend plus cher !

C'est avec le cœur navré que nous vous apprenons que plusieurs de nos frères d'armes ont été sourds au cri de la Patrie qui réclame d'eux le secours qu'elle avait le droit d'en attendre. Mais, nos camarades, nos concitoyens, soyez tranquilles, vous reverrez le drapeau du second bataillon de l'Isère ou ceux qui lui restent fidèles périront avec lui.

Venez, nos frères, venez, nos amis, venez prendre la place de ceux qui abandonnent la plus belle des causes ! La liberté vous tend les bras ; mais il faut abattre, les armes à la main, tous les tyrans et leurs cohortes qui s'y opposent. Vous êtes trop jaloux de l'honneur et trop amateurs de l'égalité pour ne pas nous aider à achever cette glorieuse entreprise.

Venez, pères de famille, vous qui avez senti l'horreur de la servitude ; venez seconder nos forces pour conserver la liberté à vos petits-enfants, puisque vos fils en sont indignes ! Ils le sont aussi de vos regards paternels et ne méritent que votre mépris et l'indignation publique.

Aucune raison de s'absenter ne peut être légitime quand la Patrie, notre mère commune, a besoin des bras de tous ses enfants. Nous nous taisons sur le service de ceux d'entre nous qui l'abandonnent au moment où ils lui sont utiles après en avoir été salariés pendant un an. Leur cartouche parle. (1) Citoyens, nous comptons sur votre amour de la République pour les remplacer. Venez donc recevoir les embrassements de vos concitoyens, de vos camarades, et partager leurs périls et leur gloire !

Les citoyens officiers, sous-officiers et soldats volontaires du second bataillon de l'Isère à leurs concitoyens du district de La Tour-du-Pin.

Pour copie conforme à l'original déposé au bureau major.

BIZANET, Commandant.

P. S. — Nous vous prions de donner une grande publicité à la présente.

----

(1) Les cartouches étaient des feuilles de route imprimées sur papier de couleurs différentes : les jaunes étaient données aux hommes passés par les bretelles ou par les verges ; les rouges, aux hommes condamnés aux boulets ; les vertes, aux hommes réformés. Dubois-Crancé avait fait abolir les cartouches infamantes le 8 janvier 1790. (Note de l'auteur).

N° 6

ADRESSE de la municipalité à la Convention nationale.

Bourgoin, le 28 mars 1793.

Citoyens Législateurs,

Carthage, rivale de Rome, vaincue par les Romains, sous la conduite de Scipion l'Africain, offre un trait remarquable et digne du souvenir des nations qui combattent pour leur liberté. Après la défaite des Carthaginois, les Romains usèrent en tyrans du droit du plus fort; ils obligèrent les vaincus à leur livrer toutes les armes, tous les vaisseaux et tous les moyens de défense de leur République. Après cette expédition, ces orgueilleux despotes du monde crurent avoir écrasé pour toujours ce peuple laborieux, commerçant et belliqueux qui ne perdit jamais l'espoir de réparer ses pertes. Il travailla en secret à se forger des armes et à se construire des vaisseaux. Chaque individu fournit la matière qu'il possédait. Le chanvre manqua pour les cables. Les Carthaginoises firent le généreux sacrifice de leurs cheveux pour en faire. Par ce moyen, l'armée navale put se présenter de nouveau aux Ro-

mains étonnés. Si les Carthaginois eussent profité de
la surprise des Romains en leur livrant bataille à
l'instant, au lieu de ne faire qu'une vaine parade de
leurs nouvelles forces, la victoire était à eux et
Carthage n'aurait pas été détruite.

La commune de Bourgoin imitera, s'il le faut,
le dévouement pour la patrie de la nation car-
thaginoise. Mais la France, libre et victorieuse, n'a
plus à redouter le sort de Carthage. Jemmapes a appris
aux colosses à pieds d'argile ce que valaient nos frères,
soldats de la Liberté. Nous devons les secourir, ces
portions de nous-mêmes; notre sollicitude doit les
accompagner partout. La campagne d'hiver, qu'ils
ont faite si glorieusement, a plus usé leurs vêtements
que deux campagnes ordinaires ; il est donc pressant
de leur en fournir. C'est pourquoi cette commune envoie de suite à cinquante volontaires, citoyens de cette
cité qui ont combattu dans l'armée victorieuse de Nice :
cinquante paires de souliers, cinquante paires de guêtres, cinquante chemises, cinq habits complets et neuf
paires de bas, produit d'une souscription ouverte par
le Conseil Général de la commune qui n'est pas encore
finie. Nous vous annonçons encore, citoyens législateurs, que cette cité vient de procéder au recrutement
ordonné par la loi du 24 février dernier. Son contingent était de 24 hommes; l'inscription volontaire en a
fourni 31. Aussitôt après, une souscription a été ouverte par les citoyens en faveur de nos frères qui
marchent à l'ennemi ; celà a produit la somme de
4.800 livres, un habillement, armement et équipement
complet.

C'est ainsi que cette commune s'est toujours montrée dès l'aurore de la liberté. Son entier dévouement pour la Patrie doit lui mériter une place honorable dans les fastes de la République et elle renouvelle son serment de plutôt disparaître du globe, que de rentrer sous le joug des tyrans.

N° 7

EXTRAIT de la notice historique sur la vie militaire du baron **RAVERAT**, de la noblesse impériale, par le baron Achile Raverat.

Paris, Schultz et Thuillié, 7, quai des Augustins. — Lyon, Ainé fils, 2, rue Saint-Dominique. — 1855.

Notre armée était dans un état de dénuement vraiment déplorable. Le service des vivres se faisait mal, ou plutôt ne se faisait pas du tout. Les fourgons ne pouvaient arriver jusque dans les montagnes au milieu desquelles se trouvait le 2ᵉ bataillon de l'Isère. Les muletiers eux-mêmes avaient beaucoup de peine à y arriver. Nos volontaires en étaient réduits le plus souvent à dérober aux paysans le pain et les châtaignes qui formaient toute leur nourriture. Les Barbets, au contraire, étaient parfaitement approvisionnés. leurs postes retentissaient de chants joyeux, tout était silencieux et morne dans nos bivouacs. Les Français et leurs ennemis n'étaient séparés que par la Bévéra; on échangeait des injures en même temps que des coups de fusil. Les Barbets insultaient à la misère de nos volontaires. Par allusion aux assignats, au jugement de Louis XVI, au manque de vivres et à la fermeture des églises, ils les appelaient soldats de papier, assassins du roi, morts de faim et fondeurs de cloches.

Un jour que les vivres avaient complètement manqué, quelques volontaires déterminés, las de se voir continuellement nargués par les Piémontais qui, non contents de leur montrer la fumée de leur cuisine, venaient encore manger leur soupe, pour ainsi dire, à leur nez; quelques volontaires, disons-nous, firent tout à coup irruption sur le bivouac ennemi et en chassèrent les hommes qui l'occupaient. Ils se mirent alors à manger leur dîner, à boire leur vin et ne se retirèrent que lorsqu'ils eurent consommé toutes leurs provisions. A leur retour, les Piémontais ne trouvèrent plus dans leur marmite d'autre vestige de leur dîner que le produit de la digestion de nos hardis volontaires.

Plusieurs mois s'écoulèrent dans cette alternative de bons et de mauvais jours. Obligés de marauder pour subvenir à leurs besoins, nos soldats firent plus d'un jeune forcé.

. . . .

L'hiver de l'an II (1793-1794) fut encore plus rude que celui de l'année précédente. Les neiges qui comblaient les vallées ne permettaient pas l'arrivée des provisions. Nos soldats en étaient réduits, pour vivre, à aller marauder chez les rares habitants de ce triste pays..

. . . .

La situation de nos soldats était vraiment pitoyable et leur dénuement à peu près complet. Aussi les habitants du pays les avaient-ils surnommés *guenillards* et *affamés*, épithètes qui n'étaient que trop bien justifiées par le déplorable état de leurs vêtements, ainsi que par le peu de soin que le gouvernement prenait pour assurer leur subsistance. Vêtus en toute saison d'un mauvais pantalon de toile rayée, d'un habit bleu rapiécé avec des morceaux de différentes couleurs, ces malheureux volontaires se voyaient quelquefois réduits à remplacer le chapeau absent ou avarié par un vieux mouchoir roulé autour de leur tête. Les plus favorisés avaient des souliers; mais la plupart avaient les pieds enveloppés de tresses de paille, de morceaux de feutre ou de vieux chiffons. Leurs longues guêtres, à défaut de boutons, étaient fixées autour de leurs jambes par des cordes; de misérables lambeaux de linge remplaçaient les chemises. Ajoutez à cela la maigreur résultant de tant de fatigues et de privations, un teint hâlé, une barbe inculte, une chevelure longue et malpropre dont une partie était nouée en queue derrière la tête, tandis que l'autre retombait sur les faces en *oreilles de chien*, suivant l'expression du temps, et vous aurez le portrait d'un soldat de l'armée d'Italie.

Toujours bataillant et maraudant, nos volontaires passèrent dans ces montagnes le reste de cet affreux hiver. Ils y étaient encore au milieu de germinal (commencement d'avril), lorsqu'un soir, deux généraux et deux représentants du peuple, accompagnés de quelques cavaliers, parurent devant le campement et descendirent dans une petite maison occupée par le capitaine Pasquet, précédemment lieutenant de la compagnie, et qui avait été promu à ce grade depuis quelque temps.

Après une courte conférence, le plus jeune des généraux demanda quelques hommes d'escorte pour l'accompagner le lendemain dans les diverses reconnaissances qu'il se proposait de pousser aux environs, en compagnie des trois autres personnes qui l'accompagnaient. Le caporal Raverat et les hommes de son escouade furent commandés pour ce service. Ils durent se tenir prêts pour le lendemain matin.

On se mit en route aux premières lueurs du jour. Vu l'âpreté des sentiers, on marchait à pied. Le plus âgé des deux généraux paraissait malade ; il avait peine à suivre son collègue qui, jeune, petit, maigre et agile, se faisait remarquer par son teint olivâtre et son accent italien. Ayant su que Raverat avait été prisonnier à Saorge, ce général le pressa de questions et lui demanda des renseignements sur l'intérieur de la place. Malheureusement, notre caporal ne put lui en donner de précis, car il ne connaissait la ville que pour l'avoir traversée pendant le trajet qu'il avait fait lorsqu'il fut conduit à la forteresse.

Le plus jeune de ces deux officiers était le général d'artillerie Bonaparte, l'autre était le général Dumerbion ; quant aux deux autres personnages, c'étaient les représentants du peuple Ricord et Robespierre jeune.

La petite expédition ne s'arrêta que lorsqu'elle eut atteint la cime la plus élevée des montagnes de Sainte-Marthe (1) d'où l'œil embrassait un vaste horizon.

Sous les pieds du spectateur, la vallée de la Roya s'étendait en contours sinueux depuis le col de Tende

---

(1) Le baron de Raverat a voulu dire : « lorsqu'elle eut « atteint une cime élevée permettant d'apercevoir la cime de « Martha et d'où l'œil embrassait un vaste horizon ». Il n'y a pas de montagne du nom de Sainte-Marthe sur la rive droite de la Roya. (Note de l'auteur.)

jusqu'à la mer; à gauche, on voyait dans le lointain les remparts de Saorge.

Des cartes topographiques furent déroulées sur le sol. Le général Dumerbion et les deux représentants se mirent à les consulter, en suivant de l'œil les indications que leur donnait Bonaparte. Le caporal Raverat, qui se tenait à l'écart avec les hommes de l'escorte, comprit aux gestes expressifs et à la physionomie animée du jeune général, qu'il s'efforçait de faire adopter par ses collègues un plan pour l'attaque de Saorge.

Notices Biographiques

NOTICES BIOGRAPHIQUES

Sur les Volontaires du 2ᵉ bataillon de l'Isère qui se sont distingués.

BIZANET Guillin-Laurent est né le 10 août 1755 à Grenoble. Il s'engage, le 14 avril 1772, comme canonnier dans le corps royal de la marine où il est nommé caporal, en janvier 1773, et sergent, le 1ᵉʳ janvier 1780. Il est blessé d'un coup de feu à la cuisse sur le *Majestueux*, au combat naval près de Gibraltar. Sergent-major le 1ᵉʳ septembre 1786, il est mis en congé le 20 mai 1788 et se retire à Grenoble.

Il entre la même année dans la garde bourgeoise, en qualité de fourrier. Le 1ᵉʳ mai 1790, il est nommé sous-lieutenant dans la garde nationale et, peu après, lieutenant. Capitaine le 1ᵉʳ janvier 1791, il est désigné par le Directoire du département pour procéder à la révision des listes d'enrôlement et à la formation du bataillon de volontaires nationaux du district de la Tour-du-Pin.

Il est élu lieutenant-colonel de ce bataillon le 13 novembre 1791 et prend part, à la tête de ce corps, à la répression des troubles du Midi de la France et à la campagne de 1792 dans le comté de Nice.

Désigné pour prendre le commandement de la place de Monaco le 27 février 1793, il est nommé général de brigade le 22 août de la même année. En cette qualité, il commande le centre de l'armée d'Italie en novembre 1793 et enlève brillamment le camp de la Fougasse le 6 avril 1794.

Il est appelé à commander successivement la place de Toulon le 14 avril 1794, les îles Ste-Marguerite et St-Honorat le 18 août 1794 et, de nouveau, la place de Toulon le 22 mars 1795. Blessé dans cette ville par les émeutiers le 23 mars 1795, il est nommé général de division le 17 avril suivant et commande la 3ᵉ subdivision de droite de l'armée d'Italie.

Mis en réforme sur sa demande, le 20 février 1800, il commande le département de la Drôme, puis est désigné pour remplir les fonctions de commandant d'armes à Marseille, le 19 août 1801. Il est nommé chevalier de la Légion d'Honneur le 12 décembre 1803 et officier, le 9 juin 1804.

Après avoir commandé la place de Cologne de 1805 à 1810, il est appelé au commandement de la place de Berg-op-Zoom (Hollande). La défense héroïque de cette ville par le général Bizanet est un des plus beaux faits d'armes de la campagne de 1814. Dans la nuit du 8 au 9 mars, un corps anglais de 4.000 hommes, composé de troupes d'élite, pénètre par surprise dans la place et s'y établit, grâce à ses intelligences avec les habitants. La garnison ne compte que 2.700 défenseurs; mais les dispositions promptes et énergiques du général Bizanet et le courage de la troupe sous ses ordres suppléent au nombre. Après douze heures d'un combat opiniâtre, les 4.000 Anglais sont enveloppés, tués ou faits prisonniers. Quatre drapeaux sont les trophées de ce brillant combat.

Le général Bizanet est fait chevalier de St-Louis le 19 juillet 1814 et, en 1815, il commande la place de Marseille. Mis à la retraite, il se retire à Grenoble, où il meurt le 18 avril 1836.

La vie du général Bizanet est celle d'un homme de bien et d'un soldat ardemment dévoué à son pays. Elle est résumée, dans le

Mémorial de Sainte-Hélène, par ces mots de Napoléon Ier : *« Le général Bizanet est un brave. »*

(D'après les archives administratives du Ministère de la Guerre, les documents des archives municipales de l'arrondissement de la Tour-du-Pin et la notice biographique sur le général Bizanet d'Ed. Maignien).

De BRUNO François-Xavier, né à Grenoble le 11 février 1755, entre au service le 14 avril 1772 comme fusilier dans le corps royal de la marine. Il était en congé lorsque, le 13 novembre 1791, il fut élu capitaine de la 2e compagnie du bataillon de volontaires nationaux du district de la Tour-du-Pin.

Il remplace, le 27 mars 1793, le lieutenant-colonel Bizanet dans le commandement de ce bataillon et fait les campagnes de 1792, de 1793 et de 1794 dans le comté de Nice. Il est blessé d'un coup de feu à la jambe à la prise de Breil le 10 juin 1793.

Nommé commandant de la 83e demi-brigade le 28 janvier 1795, puis de la 57e demi-brigade à la réorganisation de 1796, il fait les campagnes de 1796 et de 1797 en Italie. La vaillance de sa demi-brigade à la bataille de la Favorite lui vaut ce bel ordre du jour du général Bonaparte : « Soldats, vous avez « dépassé en constance et en courage tout ce

« que les Romains ont fait de plus glorieux.
« La postérité aura peine à croire à vos tra-
« vaux. Je veux, pour les éterniser, que l'on
« écrive en lettres d'or sur votre drapeau :
« *La terrible 57e demi-brigade que rien n'arrête.* »

Le colonel de Bruno fait encore les campagnes de 1799 en Suisse et de 1800 en Allemagne. A la bataille de Mœsskirch (5 mai
1800) la 57e demi-brigade fait preuve d'une
telle intrépidité que le général Moreau, en par-
courant le terrain où elle a combattu, dit aux
soldats : « Si votre conduite en Italie ne vous
« avait pas valu le nom de « *Terribles* », les
« Autrichiens vous l'auraient donné aujour-
« d'hui. »

Nommé général de brigade le 12 novembre
1803, de Bruno est appelé successivement au
commandement des places de Valenciennes et
de Cherbourg. C'est dans cette dernière place
qu'il est fait chevalier de l'ordre royal et
militaire de St-Louis (17 octobre 1814).

Admis à la retraite, il se retire à Aoste où
il meurt le 28 mai 1829.

En le proposant à l'Empereur pour le grade
de général, l'inspecteur général écrivait : « Le
« colonel de Bruno est un ancien militaire ayant
« bien fait la guerre. La manière dont la
« 57e demi-brigade a servi, partout où elle a

« été employée, ne peut que faire l'éloge du chef qui l'a toujours commandée. »

(D'après les archives administratives du Ministère de la Guerre et divers documents des archives municipales).

BERNARD-MARIGNY Joseph, né à Morestel le 19 mars 1768, s'enrôle en 1791 comme garde national volontaire et est élu capitaine de la 4e compagnie à la formation du 2e bataillon de l'Isère.

Il ne tarde pas à se faire remarquer par ses aptitudes au métier des armes. Dans la nuit du 17 au 18 novembre 1792, alors qu'il est détaché avec sa compagnie à Castellar, il protège habilement la retraite de la brigade du général Brunet surprise aux environs de Sospel par les Austro-Sardes.

Sa brillante conduite dans les combats de l'Escarène, de Luceram et de Sospel le fait désigner pour être adjoint à l'Etat-Major de l'armée d'Italie (4 avril 1793). Peu après, le 10 juillet de la même année, il est nommé aide-de-camp du général commandant en chef l'armée d'Italie.

Dans ces premières campagnes, il se distingue par sa bravoure au feu, son audace dans l'exécution des coups de main, son dévouement et la générosité de son caractère. A l'attaque du col de Braus, il s'expose, pour le salut de tous, en éteignant l'incendie qui va faire sauter plusieurs caissons de munitions. Il combat vaillamment au Béolet, à Utelle, à Breil et à Saorge. Devenu aide-de-camp du général Dallemagne, il se trouve le 14 juillet 1794 à la prise de Vernante et fait grâce de la vie à un soldat autrichien qui a tiré sur lui à bout portant. Il se fait encore remarquer aux combats de Pézio et à Boves, sous Coni. Le 8 mai 1796, au combat de Codogno, il a un cheval tué sous lui, et sa bravoure, le lendemain, à la bataille de Lodi, lui vaut les félicitations du Directoire. On le voit aux premiers rangs à la prise de Pizzighitone et au combat de Borghetto. Le général Vaubois fait un rapport des plus flatteurs sur l'énergie qu'il déploie le 2 novembre 1796 à la prise de St-Michel. Il se distingue encore le 16 janvier 1797 à la bataille de St-Georges.

Le général Dallemagne ayant été blessé, le général en chef Bonaparte attache le capitaine Bernard-Marigny à son propre état-major et est si satisfait de sa conduite, le 16 mars 1797 à la journée du Tagliamento, qu'il le nomme, sur le champ de bataille, chef d'escadrons au 4e chasseurs à cheval.

Nommé colonel le 8 septembre 1799, il fait la campagne d'Allemagne à la tête du 20ᵉ chasseurs à cheval. En avril 1800, pendant que le corps du général de Ste-Susanne se dérobe sur la rive gauche du Rhin, le colonel Bernard-Marigny arrête une forte colonne ennemie sur le pont de Broc, en arrière de Bruchsal et facilite, par son énergique contenance, la retraite de l'infanterie.

Le 19 mai de la même année, sur les hauteurs de Blaubeuren, il charge, avec un seul escadron, 400 cavaliers ennemis soutenus par de l'infanterie. Il fait prisonnière une partie du détachement ennemi et ce qu'il en reste est écrasé par les grosses pierres que quelques-uns de ses chasseurs font rouler.

Le 22 mai, il est attaqué par 4.000 hommes commandés par l'archiduc Ferdinand. Il tient bon pendant trois heures avec son régiment, 4 compagnies d'infanterie et 2 pièces de canon ; puis, étant parvenu à tourner l'ennemi avec ses cavaliers près du village de Delmesingen, il charge et fait mettre bas les armes à un bataillon. Il continue sa poursuite jusque sur les bords du Danube où il fait encore de nombreux prisonniers.

A la bataille de Hohenlinden (3 décembre 1.800), le 20ᵉ chasseurs fait partie de la division

Richepanse et combat toute la journée. Les habiles dispositions du colonel Bernard-Marigny, pendant la poursuite de l'ennemi en retraite, lui permettent de prendre une nombreuse artillerie, de s'emparer d'un drapeau et de faire un bataillon prisonnier.

Le 15 décembre suivant, au combat de Schwanstadt, il inquiète l'ennemi toute la journée et, avec les 400 chasseurs qu'il commande, il fait 1.000 prisonniers et s'empare de plusieurs étendards. Ce jour-là, il exécute trois charges et traverse un village, malgré un feu très vif, pour tailler en pièces l'arrière-garde ennemie. Il s'empare ensuite de quartier général de l'armée autrichienne qui lui abandonne ses équipages et des magasins considérables. A cette affaire, il tue ou blesse, de sa main, 12 cuirassiers ennemis.

Le lendemain, chargé de précéder la division, il attaque l'ennemi près de Lambach et fait prisonniers 300 Manteaux-Rouges. Il charge ensuite avec une telle impétuosité le 2e hulans et les chasseurs de Meszaros qu'il détruit presqu'entièrement ces deux régiments et qu'il compte, parmi ses prisonniers, le général et les deux colonels de cavalerie ennemie. S'apercevant que le feu a été mis au pont sur la Traun, il y court pour éteindre l'incendie et s'emparer de 1.000 voitures chargées de vivres, de bagages et de munitions.

Le colonel Bernard-Marigny fait encore les campagnes de 1805 et de 1806 contre l'Autriche et la Prusse. Il est tué le 14 octobre 1806 sur le champ de bataille d'Iéna. Avant la bataille, il avait dit à ses officiers : « Je me ferai tuer ou je reviendrai général ». Après une charge de son régiment conduite avec beaucoup de précision, il faisait resangler son cheval quand il fut frappé par un boulet qui lui emporta la tête.

Il avait été nommé chevalier de la Légion d'honneur le 9 décembre 1803 et officier, le 13 juin 1801.

Le nom de ce vaillant dauphinois est inscrit sur l'Arc de triomphe de l'Etoile, (côté sud).

(D'après les archives administratives du Ministère de la Guerre, la biographie du Dauphiné d'Ad. Rochas et les souvenirs du capitaine Parquin, ancien fourrier du 20e chasseurs).

BOUQUIN Jean-François est né le 9 mars 1766 à St-Pierre-de-Ciers, près des Avenières. Il était chef de bureau du district de La Tour-du-Pin quand il s'enrôla dans le 2e bataillon de l'Isère. Il fut élu quartier-maître trésorier

Le Baron RAVERAT,

Commandant supérieur des gardes nationales mobilisées de l'arrondissement de La Tour-du-Pin (Isère).

Ce portrait, ainsi que celui qui est au frontispice de cet ouvrage, est inséré dans la « Notice historique sur le baron RAVERAT, de noblesse impériale, par le baron Achille Raverat, son fils. » — Paris, Schulz et Thuillé, libraires, 7, Quai des Augustins — Lyon, Aîné fils, libraires-éditeurs, 2, rue St-Dominique. — 1855.

de ce bataillon et fit, en cette qualité, les campagnes du comté de Nice.

Nommé commissaire des guerres, le 25 juin 1793, il exerça ses fonctions aux armées d'Italie, des Alpes, d'Egypte, de Dalmatie, à la Grande-Armée, etc.

En congé à la Tour-du-Pin en 1814, il offrit ses services à Napoléon à son passage à Bourgoin et le suivit jusqu'à Paris. Il prit sa retraite le 1er mars 1816 et mourut à la Tour-du-Pin le 28 décembre 1823.

(Archives administratives du Ministère de la Guerre et divers documents.)

———

RAVERAT René-Claude-Jean est né le 23 janvier 1776 à Crémieu. Apprenti-tailleur, il s'enrôle, en mai 1792, dans la 6e compagnie du 2e bataillon de l'Isère et fait les campagnes de 1792, 1793 et 1794, dans le comté de Nice.

Blessé d'un coup de feu au cou, le 13 mars 1793, à l'attaque du village du Moulinet, il est nommé caporal le 13 avril suivant. Il est encore blessé, en novembre 1793, en poursuivant les Autrichiens dans la vallée de la Vésubie.

Passé à la compagnie de grenadiers du 1er bataillon de la 83e demi-brigade, il fait partie du corps d'expédition destiné à aller en Corse, en mars 1794, et prend part à la répression des troubles de Toulon et de Marseille. Il fait la campagne de 1796 dans le 5e, puis dans le 8e bataillon de grenadiers réunis et combat à Roveredo, à Calliano, à la Pietra, au pont de la Brenta, à Bassano. à Mantoue et à St-Georges. Etant au 1er bataillon de grenadiers réunis, il passe la Piave à la nage pour faire sauter un canon autrichien qui fait beaucoup de mal à nos avant-postes. Il se trouve ensuite aux combats de Caldiero et d'Arcole, où il est blessé à la main droite.

Revenu à la 83e demi-brigade, qui a pris le n° 57. il combat encore à Mantoue et à la Favorite où les soldats de sa demi-brigade gagnent le surnom de « *Terribles* ». Il fait partie du corps d'expédition envoyé contre l'armée pontificale et contribue à la répression de l'insurrection de Vérone en avril 1797.

En 1799, il fait la campagne d'Helvétie et combat à Lucienstag, au passage de la Limmat où il est blessé à la poitrine et à la main gauche. A la bataille de Zurich, il est encore blessé à la cuisse d'un coup de biscaïen.

En 1800, il est à l'armée d'Allemagne et prend part aux combats de Mahlberg, d'Engen, du défilé de Neudorf. du pont de Dilligen et enfin à la bataille de Hohenlinden.

Complètement illettré et prévenu que son ignorance seule nuit à son avancement, il se décide à apprendre à lire et à écrire. Promu sergent le 20 juin 1801, il est choisi par le général César Berthier pour faire partie du corps d'expédition envoyé aux Petites-Antilles et est nommé sergent-major, le 10 avril 1803, et adjudant-sous-officier. le 26 juin suivant.

Revenu en France, il est employé à l'Etat-Major du 4ᵉ corps de la Grande-Armée et ensuite replacé au 57ᵉ de ligne pour faire la campagne de 1805. Il est blessé à Austerlitz d'un coup de baïonnette à l'épaule et contribue, par sa vaillance, à faire donner à sa brigade le nom de « *brigade de fer* ».

Nommé sous-lieutenant le 7 décembre 1805, il fait la campagne de 1806. Blessé d'un coup de sabre à la main droite devant Magdebourg, il est fait prisonnier ; mais, la prise de cette ville le rend, peu après. à la liberté.

Il fait la campagne de 1807 et combat à Eylau. Le 3 mars 1807, il traverse quatre fois la Passarge à la nage, malgré un froid intense, et réussit, avec quelques grenadiers sous ses ordres, à établir, à Stollen, un pont qu'un officier du génie n'a pu arriver à construire. Ce trait d'héroïsme est mis à l'ordre du jour de l'armée et vaut au sous-lieutenant Raverat la croix de chevalier de la Légion d'Honneur.

Le 5 juin suivant, à la tête de 62 grenadiers il culbute 600 Russes qui veulent s'emparer du château de Lomitten et leur tient tête pendant plus de deux heures. Grièvement blessé à la jambe, le sous-lieutenant Raverat est porté à l'ambulance où le maréchal Soult vient le voir et le féliciter : « L'action par laquelle vous « venez de vous illustrer de nouveau, lui dit-il, « est une des plus éclatantes dont un officier « puisse se glorifier. Elle sera, je n'en doute « pas, consignée dans les fastes de la gloire « française. L'affaire de Lomitten est un digne « pendant de votre dévouement au pont de la « Passarge. J'en ferai mon rapport à l'Empe-« reur qui, s'il ne vous connaissait pas, croi-« rait difficilement, qu'avec 62 grenadiers vous « avez culbuté un bataillon russe fortement « retranché. Et d'abord, pour récompenser « votre intrépidité, je vous nomme lieutenant.»

Remis de sa blessure, longue à guérir, le lieutenant Raverat peut prendre part à la campagne de 1809. Le 19 avril, la division St-Hilaire est obligée de battre en retraite devant la colline de Thann où les Autrichiens ont élevé une redoute. Raverat, qui remplace son capitaine tué, abrite sa compagnie dans un ravin. Sa petite troupe s'augmente de quelques braves qu'il rallie et cette poignée d'hommes, électrisée par l'exemple de l'intrépide dauphinois, s'élance en courant, malgré la fusillade et les boulets, et saute dans la redoute. Surpris par tant d'audace qui leur fait croire à un plus grand nombre d'assaillants, les canonniers abandonnent le service de leurs pièces pour ne songer qu'à leur défense personnelle. Quoique de nouveau grièvement blessé à la main, le lieutenant Raverat en profite pour détruire la batterie.

Ravi de ce beau fait d'armes qui lui permet de s'emparer des villages de Tengen et de Thann, le général de St-Hilaire embrasse Raverat sur le champ de bataille. Au compterendu que lui fait le maréchal Davout de l'affaire de Thann, l'Empereur répond : « Ce « que vous m'apprenez de ce lieutenant ne « m'étonne pas. *C'est un de mes vieux d'Italie.* « Ni grade, ni décoration ne peuvent récom- « penser une pareille action d'éclat, il faut « autre chose. J'y réfléchirai. »

Quelques jours après, l'Empereur, passant la revue de la division St-Hilaire à Ratisbonne, s'arrête devant le drapeau du 57e et demande au colonel quel est l'officier le plus brave de son régiment. « Ils le sont tous, Sire, répond « le colonel. Cependant, il en est un qui s'est « distingué d'une manière toute particulière.— « Son nom ». — « Le lieutenant Raverat ». — « Eh bien, que le lieutenant Raverat sorte des « rangs et s'approche. — Je connais votre « conduite, dit l'Empereur à Raverat trem- « blant d'émotion. Toute l'armée a été témoin « de votre valeur. En récompense, je vous « nomme baron de l'Empire avec une dotation « de 4.000 francs par an. »

La blessure que Raverat avait reçue à Thann l'oblige à retourner à l'ambulance et ce n'est que le bras en écharpe qu'il peut prendre part aux batailles d'Essling et de Wagram.

Mais sa santé, épuisée par ses nombreuses blessures et ses campagnes, le met dans l'obligation de prendre prématurément sa retraite. Il était à Crémieu lorsque, en janvier 1814, il fut appelé au commandement du 4e bataillon des gardes nationaux de l'Isère levé en hâte pour résister à l'invasion. Il prend position au pont de Sault et défend ce passage contre les Autrichiens. Nommé commandant en chef des troupes mobilisées de l'arrondis- sement, il chasse les Autrichiens qui sont entrés le 14 février dans la Tour-du-Pin et les poursuit jusqu'au Pont-de-Beauvoisin.

Le 10 avril 1815, il est nommé commandant du 10e bataillon des gardes nationales de l'Isère et prend part à la défense organisée par le général Dessaix devant Genève et dans le Bugey. Il se retire à Lyon où il meurt le 31 janvier 1851.

(D'après la notice historique sur la vie militaire du baron Raverat, par son fils, et les archives administratives du Ministère de la Guerre).

DUVIVIER Ferdinand-Marie-Camille, né le 14 décembre 1760 à Romans (Drôme), habitait le château de Cuirieu au moment de la Révolution.

Président de la Société des amis de la Constitution de la Tour-du-Pin. il s'enrôle, en 1791, dans le 2e bataillon de l'Isère et est élu capitaine de la 7e compagnie. Il fait, en cette qualité, les campagnes de 1792, 1793 et 1794 dans le comté de Nice. De décembre 1794 à juin 1795, il est adjoint à l'adjudant-général Pacthod, puis attaché à la place de Marseille et, enfin, employé dans les départements de la Drôme et de l'Isère pour faire rejoindre les déserteurs.

Il démissionne le 14 mars 1796 et reprend du service le 21 avril 1800 en qualité de capitaine commandant le dépôt des volontaires réunis à Dijon. Le 10 mai 1800, il est nommé capitaine de la compagnie de carabiniers volontaires de la légion consulaire et prend part à la campagne d'Italie.

Le 20 février 1801, il passe à l'Etat-Major de l'armée des Grisons et occupe successivement un emploi de son grade à la 87e demi-brigade et au 5e régiment d'infanterie. Le 25 novembre 1804, il est attaché à la personne du général Heudelet en qualité d'aide-de-camp. Après la campagne d'Allemagne, il est fait chevalier de la Légion d'Honneur (14 mars 1806).

Chef de bataillon le 19 juin 1806, il est maintenu dans ses fonctions d'aide-de-camp, fait les campagnes de Prusse et de Pologne et est blessé grièvement d'un coup de biscaïen, à la bataille d'Eylau.

Passé à l'armée d'Espagne, sa santé ne lui permet pas de continuer à servir et il prend sa retraite le 7 novembre 1809. Le général Heudelet l'avait en haute estime et lui délivrait ce témoignage flatteur : « Je certifie que M. « Camille Duvivier, mon premier aide-de-camp, « a servi, près de moi, depuis le 2 frimaire « an XII jusqu'à ce jour, avec zèle et distinc-

« tion et qu'il a fait les campagnes d'Austerlitz,
« d'Iéna, d'Eylau et celles d'Espagne et de
« Portugal avec autant de bravoure que de
« talent. »

Le commandant Duvivier était maire de
Romans en 1815. Il est mort à Château-Salins.

(D'après les archives administratives du Ministère
de la Guerre et divers documents.

BIN Claude est né à Charancieu le 29 juin
1767. Élu sous-lieutenant de la 2e compagnie,
à la formation du bataillon, il est nommé
lieutenant, puis capitaine au choix du bataillon, le 29 mars 1793, en remplacement du
capitaine de Bruno nommé chef de bataillon.
Il fait les campagnes du comté de Nice et est
grièvement blessé à la mâchoire, le 8 juin 1793,
à l'attaque du col de Pérus. Il fait aussi les
campagnes d'Italie, d'Helvétie et du Rhin.

Nommé chef de bataillon le 10 novembre
1804, il se retire dans ses foyers le 6 février
de l'année suivante.

BAUDRAND Pierre-Guillaume, né à Chi-
milin en 1761. Est élu capitaine de la 5e compagnie et prend part aux campagnes du comté
de Nice où il se signale par sa bravoure.

Est tué sur le champ de bataille, le 8 juin
1793, à l'attaque du col de Pérus.

REVERDY Pierre, né à Crémieu en 1769, est élu lieutenant de la 6ᵉ compagnie à la formation du bataillon et nommé, ensuite, capitaine de la 1ʳᵉ compagnie au choix du bataillon. Le 8 juin 1793, chargé de débusquer un détachement ennemi retranché sur une hauteur près du col de Pérus, il enlève énergiquement la position avec sa compagnie; mais, vers la fin du combat, il tombe mortellement frappé par une balle qui l'atteint au front.

———·———

PASQUET Jean-Louis est né à Bourgoin, le 19 décembre 1760. Incorporé au 75ᵉ régiment d'infanterie le 24 janvier 1777, il se retire par démission le 26 octobre 1791 et s'enrôle comme garde-national volontaire. Élu sergent-major de la compagnie de grenadiers du 2ᵉ bataillon de l'Isère, il est nommé, quelques jours après, adjudant sous-officier et adjudant-major le 8 mai 1792. Le 1ᵉʳ juillet 1793, il est nommé capitaine titulaire en remplacement du capitaine Reverdy tué sur le champ de bataille.

Il fait les campagnes du comté de Nice, d'Italie, d'Helvétie et du Rhin et prend sa retraite le 28 novembre 1806. Il avait été nommé chevalier de la Légion d'Honneur le 14 juin 1806.

(Archives administratives du Ministère de la Guerre).

SOUVRAS Jean-François est né à Veyrins le 20 février 1765. Il avait servi, d'avril 1786 à octobre 1788, dans le 6e régiment de cavalerie, lorsqu'il s'enrôla comme volontaire. Elu lieutenant de la 5e compagnie à la formation du bataillon. il est nommé capitaine de la même compagnie, le 1er juillet 1793, en remplacement du capitaine Baudrand tué sur le champ de bataille.

Le capitaine Souvras fait les campagnes du comté de Nice, d'Italie, d'Helvétie, du Rhin, de la Grande-Armée, d'Autriche et de 1814. Nommé chevalier de la Légion d'Honneur le 6 août 1804, il est fait officier le 4 novembre 1814. Il prend sa retraite comme capitaine adjudant-major au 57e régiment d'infanterie, après 26 ans de service et 17 campagnes de guerre. Il meurt aux Avenières le 22 octobre 1835.

« C'était un des plus braves militaires de « son époque et son désintéressement égalait « son courage. »

(Archives administratives du Ministère de la Guerre et notice historique sur la vie militaire du baron Raverat)

DOUILLET Jean-Baptiste, né à Charancieu le 26 septembre 1769, est élu sous-lieutenant de la compagnie de grenadiers à la formation du bataillon, puis nommé lieutenant de cette compagnie d'élite le 29 mars 1793. A l'attaque des retranchements de Liniéras et du Mangiabo où les grenadiers du 2ᵉ bataillon de l'Isère firent l'admiration de leurs frères d'armes, il fut blessé au bras d'un coup de mitraille. (8 juin 1793).

Aide-de-camp le 1ᵉʳ septembre 1793, il est nommé capitaine le 5 octobre 1798.

(Archives administratives du Ministère de la Guerre)

———

DONIN de ROSIÈRE Hippolyte, né à Bourgoin le 25 décembre 1772, était le fils d'un capitaine d'artillerie. Il servait lui-même dans l'artillerie lorsqu'il s'enrôla comme volontaire. Quoique âgé de 19 ans seulement, il fut élu, par ses concitoyens, capitaine de la 3ᵉ compagnie formée avec les volontaires du canton de Bourgoin.

Sa sollicitude bien connue pour ses soldats, attira, en 1792 et 1793, de nombreux volontaires dans sa compagnie. Il sut obtenir des secours des municipalités de son canton et se faire envoyer quelques-uns des effets d'habillement, de linge et de chaussure dont les soldats de l'armée d'Italie avaient le plus pressant besoin.

Il fit les campagnes du comté de Nice et celles d'Italie. Après le combat du col de Pérus et la prise de Breil (8 et 10 juin 1793), où la plupart des officiers avaient été mis hors de combat, il prit le commandement du 2e bataillon de l'Isère.

(Archives administratives du Ministère de la Guerre et divers documents).

TRICHON Benoit est né à Crémieu le 23 février 1765. Il est élu sous-lieutenant de la 6e compagnie à la formation du bataillon, puis nommé lieutenant le 31 mars 1792 et capitaine le 12 janvier 1793. Il se distingue dans les divers combats livrés dans le comté de Nice et pendant les campagnes d'Italie. Il se retire en 1798.

(Archives administratives du Ministère de la Guerre)

CHAPUIS Claude est né à Ruy le 9 janvier 1765. Après avoir servi au 44e régiment d'infanterie du 20 janvier 1783 au 20 janvier 1791, il s'enrôle comme volontaire et est élu, à la formation du bataillon, sergent-major de la 3e compagnie. Le 8 mai 1792, il remplace l'adjudant Pasquet nommé adjudant-major et est nommé capitaine le 1er juillet 1793, après le combat du col de Pérus.

Le capitaine Chapuis fait les campagnes du comté de Nice, d'Italie, d'Helvétie et du Rhin. Il a la cuisse droite emportée à la bataille de Mœsskirch (5 mai 1800) et est admis à la retraite le 19 juin 1801.

(Archives administratives du Ministère de la Guerre)

GUIMET Louis, né à Bourgoin le 10 août 1773, était ouvrier chapelier quand il s'enrôla dans la 3e compagnie du 2e bataillon de l'Isère. Il reçoit les galons de caporal le 13 avril 1793 pendant les campagnes du comté de Nice, suit la 83e demi-brigade et la terrible 57e en Italie et en Suisse. Il est nommé sergent le 20 octobre 1801, adjudant sous-officier le 9 novembre 1804 et créé chevalier de la Légion d'Honneur le 14 mars 1806. Il fait les campagnes d'Autriche, de Prusse et de Pologne. En mars 1807, il aide le lieutenant Raverat à construire devant l'ennemi un pont sur la Passarge, malgré un froid terrible et les glaçons charriés par la rivière. Cet acte d'héroïsme, signalé à l'Empereur et mis à l'ordre du jour de l'armée, vaut à l'adjudant Guimet l'épaulette de sous-lieutenant (16 avril 1807). Peu de temps après, sa bravoure le fait nommer lieutenant (3 juin 1807). Au début de la campagne de 1809, il était capitaine adjudant-major.

Le capitaine Guimet, noté comme un « offi-« cier très brave, remplissant ses fonctions « avec zèle et distinction », est tué pendant la campagne de Russie. Il avait reçu deux graves blessures : l'une le 8 juin 1793, à l'attaque du col de Pérus; l'autre, le 6 mars 1799, dans la redoute des Grisons.

(Archives administratives du Ministère de la Guerre et notice historique sur la vie militaire du baron Raverat).

————

SALLE Claude, né en 1766 au Monêtier-de-Briançon. habitait les environs de Morestel quand il s'enrôla comme volontaire. Elu sergent-major de la 4ᵉ compagnie du bataillon à sa formation, il devient sous-lieutenant et lieutenant de la même compagnie. Il est tué le 8 juin 1793 à l'attaque du col de Pérus.

————

PERRIN Benoit, né à Crémieu en 1765. est élu sergent major de la 6ᵉ compagnie. Il devient sous-lieutenant et lieutenant dans la même compagnie. Il est grièvement blessé, le 8 juin 1793, à l'attaque du col de Pérus.

CHAPUI Joseph est né à St-Ondras le 9 avril 1776. Enrôlé dans la 8e compagnie comme volontaire, il fait les campagnes du comté de de Nice et est nommé caporal le 1er avril 1793. Il gagne les galons de sergent en Italie, fait les campagnes d'Helvétie et d'Allemagne. Sergent-major le 23 octobre 1801, il fait les campagnes contre l'Autriche et la Prusse et est nommé sous-lieutenant le 23 novembre 1806. Il se distingue l'année suivante au combat de Lomitten où il est blessé et, enfin, se retire dans son pays natal en 1809 « où il est considéré comme l'un des hommes les plus honorables de son pays ».

(Archives administratives du Ministère de la Guerre et notice historique sur la vie militaire du baron Raveral).

DERIO Benoît, né à Vienne en 1769, est élu sergent dans la compagnie de grenadiers et devient sous-lieutenant de cette compagnie d'élite. Il est tué le 8 juin 1793 à l'attaque des hauteurs de Mangiabo.

CHARVET Pierre, né à Bizonnes en 1747, est élu sergent à la 8ᵉ compagnie et devient sous-lieutenant. Il est blessé le 8 juin 1793 à l'attaque du col de Pérus.

GAGET Victor, né à Coiranne (Cessieu) en 1765, sert pendant 8 ans au 44ᵉ régiment d'infanterie et s'enrôle ensuite dans le 2ᵉ bataillon de l'Isère où il est élu sergent à la 7ᵉ compagnie. Nommé sous-lieutenant le 4 décembre 1792, il fait les campagnes du comté de Nice.

APPRIN Laurent, né à Montferrat en 1769, est élu sergent à la compagnie des grenadiers. Il est nommé sergent-major le 29 août 1792 et sous-lieutenant, le 3 juillet 1793, après le combat du col de Pérus.

FLANDRIN Joseph, né à Voiron le 15 juin 1769, habitait le Pont-de-Beauvoisin quand il s'enrôla comme volontaire. Il fut élu caporal à la 2ᵉ compagnie. Nommé sergent-major de la compagnie de canonniers le 11 septembre 1792, il devint sous-lieutenant de la même compagnie, le 21 octobre suivant.

CHARREL Pierre, né à Veyssilieu en 1771, est élu caporal à la 3ᵉ compagnie. Il est nommé sergent-major le 8 mai 1792 et sous-lieutenant lé 27 juillet 1793, après le combat du col de Pérus.

———

FUZIER Joseph, né à St-Ondras en 1772, est élu sergent-major de la 8ᵉ compagnie à la formation du bataillon et nommé sous-lieutenant, après le combat du col de Pérus.

TABLE DES MATIÈRES

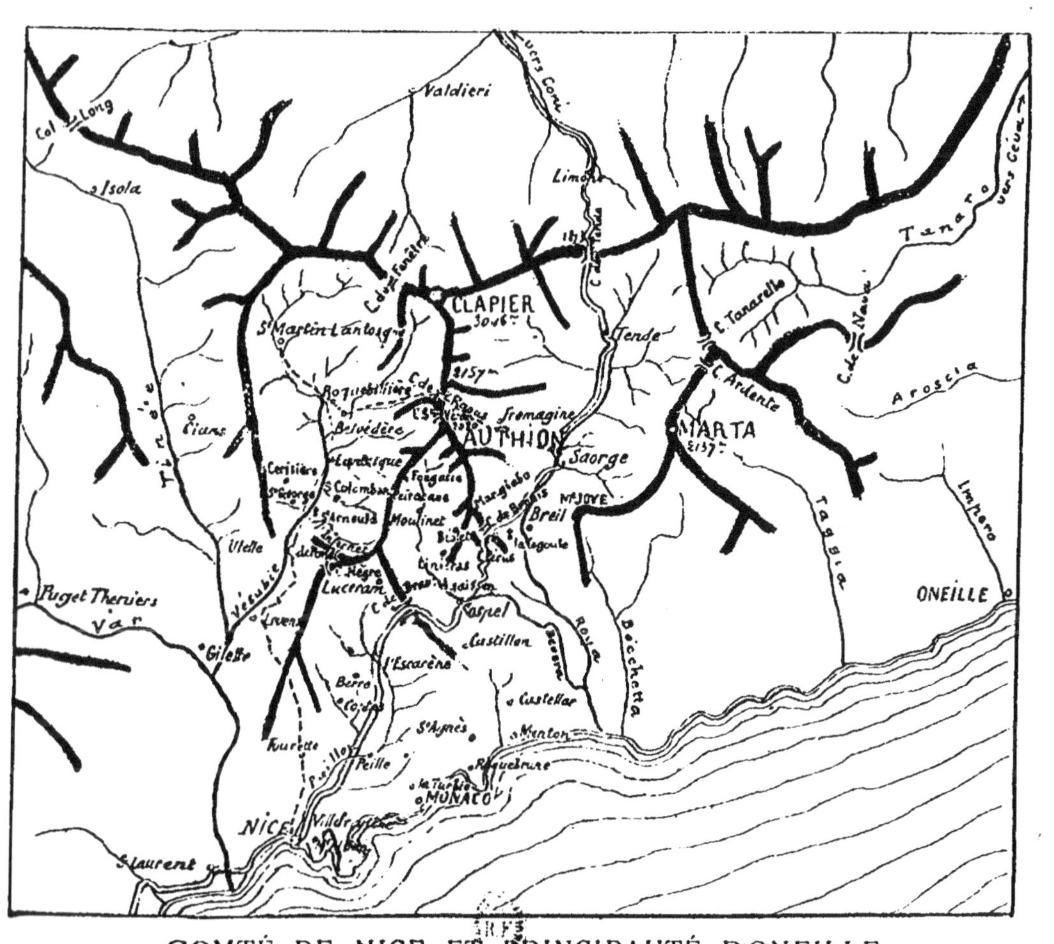

COMTÉ DE NICE ET PRINCIPAUTÉ D'ONEILLE

1:580.000